성경속독

맥락으로 정복하라

제2권 해설집 – 정통으로 배우는 성경속독 안내서

이관호 지음

쿰란출판사

▣ 머리말

할렐루야!

하나님은 영이시니 예배드릴 자가 영과 진리로 예배드려야 합니다.

그러나 우리 성도들이 성경의 많은 부분을 이론으로만 배우고 단순 암기 위주의 신앙생활을 하니 세상임금인 마귀가 가장 좋아하는 대로 끌려 다닙니다.

혹은 사람의 생각, 철학, 실용주의 등이 교계에 너무나도 팽배하다 보니 하나님의 영을 다소 소홀히 생각하는 경향이 있는 것도 사실입니다.

성경을 영의 눈으로 바라볼 수 없을까요?

이에 제1권이라 할 수 있는《한눈에 빠져드는 성경읽기》를 통해 성경의 큰 그림을 그릴 수 있도록 했습니다.

이 책은 신약에서 오해가 종종 발생하는 분야인 성령론과 계시록에 초점을 맞추었습니다.

영은 분리입니다. 인본주의(humanism)와 신본주의의 분리입니다.

악한 생각을 예수의 이름으로 분리시켜 초등학문으로부터 자유로워지기 위해 본서를 썼습니다.

성경을 지식보다는 믿음의 눈으로 바라볼 수 없을까요?

막연히 '응, 나 그것 알아' 혹은 고개를 끄덕이는 것은 좀 없어져야 할 것입니다.

우리는 단순히 설교 듣는 것으로만 만족하지는 아니하는지요?

제2권 격인 본서는 성경을 믿음의 눈으로 정복할 수 있도록 편찬하였습니다.

특히 본서인《성경속독 맥락으로 정복하라》는 요약이라기보다는 성경속독 class에서 설명되는 교재입니다.

믿음은 들음에서 나옵니다. 듣는 것은 그리스도의 말씀이어야 합니다.

이렇게 영과 믿음의 눈으로 볼 수 있는 것은,

오직 "성령을 받아 성령의 인도함대로 사는 것" 외에는 없습니다.

예수 믿어 구원받고, 성령 받아 권능으로 예수의 증인이 되며, 하나님의 피로 사신 교회와 성도들에게 죽도록 충성하심으로 영광의 면류관을 받으시길 바랍니다.

믿음이 없이는 하나님을 기쁘시게 할 수 없습니다.

2010년 2월 20일

이관호

성경을 빨리만 읽으면 뭐합니까? 성경을 읽으면서도 이해가 결여되어 있다면 이는 성경에 담긴 은혜와 복을 간과하고 그저 시간을 들여 글자를 읽어 내려가는 불필요한 수고를 하는 일이 될 수도 있습니다. 물론 그렇다고 해서 일부러 성경을 늦게 읽을 필요는 없습니다.

저는 10여 년간 영어 및 한글 성경 속독을 가르치는 일에 매진해 왔습니다. 이 사역을 감당하면서 느낀 점은 성도들이 성경 읽기를 참으로 힘들어 한다는 점입니다. 시편을 보면 성경을 읽는 것을 꿀과 송이 꿀보다 달다고 고백하는 내용이 나옵니다(시 19:10). 하나님의 말씀이 무수한 금은보화보다 낫다고 노래하는 내용도 나옵니다(시 119:72). 목회자들이 강대상에서 축복을 약속하며 권면하는 내용 중에도 성경을 읽으라는 말은 빠짐없이 등장합니다.

그런데 도대체 왜 성도들은 성경을 읽지 않고 또 성경을 읽는 것을 버거워할까요?

사실 성경은 매우 두꺼운 책입니다. 또 신학 훈련을 받은 목회자가 아닌 이상 평신도들에게는 어려운 내용도 많습니다. 하지만 이 역시도 극복이 불가능한 것은 아닙니다. 저는 이를 극복하고자 시도하였고 이 두 가지 문제를 극복하고 나니 일반 성도들 역시 성경을 열심을 내어 읽는 것을 확인할 수 있었습니다.

이 문제들을 극복하기 위한 방편은 다음과 같습니다.

매주 1회씩 총 20주 동안, 한 번에 2시간 30분을 수업합니다.

1. 두꺼운 성경의 극복(분량의 극복)을 위해 : 첫 3주간

① 속독 기본 테크닉을 훈련합니다. 그러면 독서 속도(speed)가 빨라집니다.

② 3-4가지 독서 방법을 소개합니다. 어떤 부분은 정독을, 어떤 부분은 건너 뜀(skip)을, 어떤 부분은 대충 읽기(skim) 등을 학습합니다. 그러면 독서 요령이 생깁니다.

③ 정신 집중 훈련을 합니다. 그러면 좀더 오랜 시간 동안 성경 독서가 가능해집니다.

*** 기본 훈련을 한번 받으면 평생 독서에 도움이 될 것입니다. ***

2. 어려운 성경의 내용 극복을 위해 : 4주째부터 20주까지

간과해서는 안 될 매우 중요한 사안이 있습니다. 사람들은 '속독' 하면 막연히 빨리 읽는 것으로만 오해합니다. 하지만 저는 '속독' 과 더불어 '이해' 의 문제도 빠뜨리지 않습니다.

사실 성경은 어렵습니다. 하지만 그것을 극복하면 그 안에 실로 송이꿀보다 단 은혜와 복이 담겨 있음을 확인할 수 있습니다. 그래서 저는 성경을 빨리 읽는 것만 아니라 그 과정에서 성경을 이해하는 데에도 초점을 맞추었습니다.

① 수업의 약 30분 동안은 기본 테크닉(technique) 훈련과 성경 읽는 요령 등을 학습합니다.

② 2시간은 창세기부터 계시록까지 《한눈에 빠져드는 성경읽기》과 《성경속독 맥락으로 정복하라》의 교재를 통해 설명합니다. 이를 통해 성경의 이해를 돕습니다. 성경의 흐름, 그 큰 그림을 그릴 수 있게 해 줍니다.

③ 극히 일부분이기는 하지만, 영어가 쉬운 부분이 있기에 《영어 성경 요약집》도 함께 준비했습니다. 바라기는 영어만 아니라 다른 언어로도 준비되어 활용되길 바랍니다.

이렇게 하면 20주 후부터, 25시간에 성경 완독이 가능해집니다.

보다 더 잘 이해할 수 있게 됩니다. 믿음의 눈이 더욱 환하게 열리게 됩니다.

매일 10분씩만 읽어도 1년에 성경 2독, 나아가 3독까지도 가능해집니다.

"내게 능력 주시는 자 안에서 무엇이든지 할 수 있습니다"(빌 4:13).

[구약 편]

[신약 편]

구약편

성경속독 기록표

교회 : 　　　　　　　　　　　　　성명:

일자	성경 장(章)	분 : 초	일자	성경 장(章)	분 : 초

성경속독 기록표

교회 : 　　　　　　　　　　　　성명:

일자	성경 장(章)	분 : 초	일자	성경 장(章)	분 : 초

성경이란?

1) 예수께서 그리스도이심을 증거한 책 - 성경, 성령, 성도가 증거함.
예수님의 초림, 십자가에서 죽으심, 부활과 승천 그리고 재림을 기록한 책. (W형태)
하나님의 영감으로 기록한 영적 책.
성경 보는 각도는 '어떻게(how)' 가 아니고 '왜(why)' 라는 각도로 봐야 한다.
예를 들어, "왜 포도주를 만드셨나?" 로 봐야지, "어떻게 만드실 수 있을까?" 로 봐서는 안 됨.
마술은 눈속임이지 기적이 결코 아니다.
즉, 성경은 그리스도 예수 안에 있는 믿음으로 말미암아 구원에 이르는 지혜가 있게 하느니라 모든 성경은 하나님의 감동으로 된 것으로 교훈과 책망과 바르게 함과 의로 교육하기에 유익하니 이는 하나님의 사람으로 온전하게 하며 모든 선한 일을 행할 능력을 갖추게 하려 함이라(딤후 3:15-17).

2) 약 40명이 약 1,500년 동안 동일한 주제로 기록함.
구약 39권 1331쪽(모세오경 319쪽 187장, 역사서 12권 440쪽 149장, 시가서 5권 205쪽 243장 및 선지서 17권 365쪽 237장) + 신약 27권(423쪽 260장)
총 66권(1754쪽 1188장) 성경의 가운데는 시편

3) 구약 성경은 주로 히브리어와 아람어로, 신약 성경은 주로 헬라어로 기록됨.
중간사 때 히브리어 구약이 70인 역에 의해 헬라어로, 그 후 신구약이 라틴어로 번역됨.
종교개혁 때부터 각기 자국어로 번역되어 현재 2000여 개 언어로 번역됨.
우리나라의 발음은 주로 독일과 중국식(특히 영어의 'J' ㅈ 과 ㅇ 발음).

4) 1535년 최초의 영어 성경이 출판됨.
1611년 영어 흠정역 성경인 King James Version이 출판됨.
1881년 영어개역(Revised Version)이 출판됨.
1952년 영어개역표준판(Revised Standard Version)이 출판됨.
이어서 미국 새 표준 성경(NASB), 신 영어 성경(NEB), 현대영어 성경(GNB) 등이 출판됨.

5) 우리말 성경은 한자 및 독일어 성경을 근간으로 만들어짐(신학용어는 日語를 근간함).
여러 차례의 번역을 거쳐, 1956년 성경전서 개역 한글판이 완성됨. 21C에 개역개정판.

큰 그림을 그립시다. 단번에 너무 많이 기억하려 하지 마세요. ① Speed up ② 요약 ③ 설명
독서의 세 방법 --- detail(정독) --- 신약의 대부분
skim(대충 읽음) --- 성막, 제사 성경 공부가 보다 유효. 신명기
skip(건너뛰면서 읽음) --- 성막, 족보 레위기

창 세 기 - 은혜를 받은 사람들

은혜를 받은 사람 - 아벨(나은 제사를 드림) 에녹(기쁘시게) 노아(은혜 주심. 방주를 예비)
(많은 사람 중) 아브라함(Calling과 부활의 신앙) 이삭(장차 오는 일을 축복)
야곱(요셉의 아들을 축복) 요셉(민족에게 출애굽을 명함)

은혜를 거부한 사람 - 아담의 불순종 가인의 분냄과 화냄의 살인
롯의 육신적 선택 에서의 영적 권세를 무시함(장자권)

분리(separation)의 사역 - 빛과 어두움(흑암), 하나님의 형상(1:27)과 사람(아담)의 형상(5:3)

여자의 후손과 뱀의 후손 에덴 동산의 안과 밖
방주의 안과 밖 가나안과 소돔
할례와 무할례 고센과 애굽
(출애굽기) 갈대 상자의 안과 밖 성막의 안과 밖

창 1-11장 선사(先史)시대의 주요 사건

3장 아담의 불순종
4장 의의 동생 아벨의 순교(스가랴까지) ~ 믿음으로 더 나은 제사.
가인은 악한 자에 속함(요일 3:12).
5장 셋의 후손(가인의 후손과 비교)
에녹은 하나님을 기쁘시게(히 11:5) 수천 년 前, 주의 임함(재림)을 예언함(유 1:14-16).
6-9장 노아의 홍수(방주를 예비할 상황이 아님) 종말에는 노아와 롯의 때와 같음.
10장 노아의 후예(셈, 함, 야벳) 11장 바벨탑

창 12-50장 4대 족장(族長)시대 사람의 뜻 vs 하나님의 뜻

1. 아브라함 - 믿음으로 갈 바를 알지 못하고 갈대아 우르(쿠웨이트 부근)를 떠남(12장)
(12-24장) Developed city 우르->하란을 떠날 때 75세->가나안 도착 ~ turning point.
아브람이 하나님을 믿으니(믿을 상황은 아님) 의로 여기심(15:6)

믿음으로 99세 때 이름이 아브라함으로 바뀌고, 할례를 받음(17장)
믿음으로 100세 때 이삭을 낳음(21장)---θ의 말씀을 믿는 신앙

믿음으로 이삭을 번제로 드리려 함(22장)---부활의 신앙
히~모리아 헬~골고다 현재~갈보리 산 뜻~해골
그러나 아브라함은 모순투성이(이스마엘을 쫓아냄, 아내를 두 번이나 시집 보냄)

2. 이삭 - 온유함(100배 축복) 땅을 기업으로 받음. 믿음으로 야곱과 에서를 축복
(25-26장)
무저항주의자(우물을 팔 때), 최장수 족장(26장)
1부 1처제 리브가의 태를 열어 주심

그러나 남자다운 면이 거의 없음, 아내 리브가를 시집 보냄(부전자전 父傳子傳)

3. 야곱 - 인생 고난의 표상, 많은 고통 속임수 믿음으로 요셉의 아들들을 축복
(27-36장)
형 에서의 추격, 하란으로 도망, 20년간 종살이, 다시는 모친 리브가를 못 만남

장인(또한 외삼촌, 6촌 형) 라반의 속임수 라헬을 잉태하게 하심

딸 디나가 세겜 추장에게 강간당함(34) 시므온과 레위가 세겜 남자를 몰살(34)

장자 르우벤이 서모 빌하와 동침함(35) 애처 라헬이 베냐민 낳다가 일찍 죽음(35)

요셉을 잃음(37) 말년에 애굽에서 나그네 인생, 죽음

4. 요셉 - 예수 그리스도의 모형 꿈(Vision)을 가진 요셉
(37-50장)
아버지의 뜻대로 하다가 형(주님은 자기 민족인 유대인)들에게서 미움받음.

은 20(주님은 은 30)에 팔려감.

보디발의 아내(주님은 마귀)의 유혹을 물리침.

감옥에서 출옥(주의 부활)되어 애굽의 총리(하늘 영광)가 됨.

요셉이 형들을 용서함(십자가에서 자기를 못 박은 자들을 용서).

믿음으로 자기 해골을 메고, 출애굽할 것을 명함(재림).

채색옷(하늘 영광)→노예 옷(종의 형태)→죄수 옷(십자가)→총리 옷(승천)

*** 은혜를 거부함 : 아담(불순종), 가인(악한 자에 속함), 롯(바라봄), 에서(은사를 무시) ***

출애굽기 - 하나님은 누구신가? 율법, 성막, 제사

아브라함 - 떠남, 믿음으로 의(義)롭다, 99세에 할례, 100세 때 이삭 출생, 이삭을 번제로 드림.
이삭 - 온유, 무저항주의자 야곱 - 인생의 그림자, 요셉의 아들들을 축복함.
요셉 - 예수 그리스도의 모형. 믿음으로 이스라엘 백성이 떠날 것과 해골을 가져갈 것을 명함.

모세 : 하나님과 대면한 선지자. 부모(父母) 모두 레위 지파(부:아므람, 모:요게벳)
처 십보라(미디안 제사장의 딸)와의 사이에 두 아들이 있음.
히브리서 11장 믿음으로 choosing 했음. 40세와 80세 때
애굽의 모든 지혜를 배워 그의 말과 하는 일들이 능함(행 7:22).

출 1-18장 하나님은 누구신가? 예배의 대상

모세 0-40세 애굽의 학술// 41-80세 미디안 광야 훈련 받음// 81-120세 이스라엘의 지도자
모세의 갈대 상자(Ark) 노아의 방주(Ark) 하나님의 법궤(Ark) --->>> 성막, 교회
안과 밖 생명과 사망 역청과 피가 있음

모세의 유년기와 성장기 그리고 부르심(1-6장) 세 번 사양함(출 3:11, 4:1, 4:10).
10가지 재앙(7-11장) --- 마귀의 권세를 예수의 이름으로 결박함.
10번째 재앙인 유월절(12장) --- 말씀대로 믿음으로 구원받음.
홍해를 건넘(14장) --- 침례 받음.
광야 교회 --- 사람의 수단과 방법이 통하지 않는 곳에서 하나님을 섬김.

① 여호와 이레(창 22:14) --- 공급자(provider) 여호와의 山에서 준비되리라.(누가?)
② 창조주(출 3:14) --- 스스로 있는 자(I AM THAT I AM, the Becoming One)
전능의 하나님(출 6:3)

③ 구원자(출 12:3) --- 유월절 어린 양, 아사셀, 보라! 세상 죄를 짊어지고 가는 θ의 어린 양.

④ 치료자(출 15:26) --- 라파(healing) 마라의 연못
⑤ 일용할 양식(출 16) --- 만나와 메추라기. 즉 하늘에서 내려온 말씀

⑥ 반석(출 17:6) --- 예수 그리스도(고전 10:4)

⑦ 승리자(출 17:15) --- 닛시 모세, 아론, 훌 여호수아 vs 아말렉
왜 말씀에 아말렉을 진멸: 이스라엘이 피곤할 때 공격, 사울 왕을 죽였다고 보고한 소년,
유다의 멸망 시 바벨론에 협조, 에스더 때 아각 사람 하만의 음모.

출 19-40장 율법(Law)=계명(Commendment)+율례(Judgement)+규례(Rule)
성막 율법이나 선지자를 폐하려 하는 것이 아니고 완전하게

레위기 제사와 절기 그리고 (대) 제사장 및 성결법
율법은 ① 죄를 깨닫게 하여 ② 예수께 인도하는 초등교사 (예: 현장에서 간음하다 걸린 여인)
독서의 세 방법 --- detail(정독)
skim(대충 읽음) - 성막, 제사, 성결법 성경 공부가 보다 유효. 신명기
skip(건너뛰면서 읽음) - 성막, 족보 레위기

레 위 기 - 거룩(Separation)은 피로

레위기에 '성결' 이 가장 많이 나오며, 약 120번 기록됨. 레위기 16-26(끝)장까지 47회 기록됨.
다음으로는 에스겔에 많이 나와서 78번 나옴.
창세기에서 여호수아까지는 단 6회만 나옴.
성결이란 '분리된(separated from)' 이라는 뜻으로 거룩(holy), 깨끗함(clean)이라는 뜻.
즉, 죄에서 분리된, 사망에서 분리된, 저주에서 분리된, 지옥에서 분리된 상태이다.
성결은 행위나 출신 등으로 되는 것이 아니라, 오직 예수의 피로만 된다.
따라서 레위기의 주제는 "내가 거룩하니 너희도 거룩하라", "피 흘림이 없이는 죄 사함이 없다"
"피 안에 생명이 있다" 등이다.
보혈(寶血, precious blood)은 생명이다. 보혈을 통해서만 예배가 가능하다. 죄란 빗나간 화살
따라서 예수 이름과 십자가 보혈이 없는 것은 복음이 아니다.

보혈은 ① 죄 사함(엡 1:7) ② 의롭다(롬 5:9)
③ 깨끗함(히 9:14) ④ 화평(골 1:20)

1-7장 다섯 가지 (피의) 제사
8-10장 제사장의 정결법
11-15장 국민의 정결법 - ① 영적 우상을 섬기지 말고, 오직 하나님께만 예배하라.
② 혼적 윤리, 도덕, 성적 부도덕 --- 부부, 동성연애
③ 육적 먹는 식물 --- (먹지 말 것 -- 우상 제물, 피째,
땅에 기는 것, 목 매어 죽인 것, 행 15:29) 규례임.
17-22장 여러 성결법 - 해산하는 여인, 나병, 유출증.
16장 대속죄일 - 음력 7월 10일. 전 국민이 가장 큰 회개와 금식.
대제사장이 3번 지성소에 들어감(1st : 향, 2nd : 아론을 위하여 송아지, 3rd : 백성의 죄의 염소, 성소 밖 아사셀, 안수 후, 3일 광야)
23-26장 날, 해, 절기

민 수 기 - 오직 십자가로

2장 Camping 동쪽에 유다, 잇사갈, 스불론 남쪽에 르우벤, 시므온, 갓
서쪽에 에브라임, 므낫세, 베냐민 북쪽에 단, 아셀, 납달리

민 7:54 므낫세 자손 가말리엘

10장 Marching 순서 : (앞)유다 → 잇사갈 → 스불론 → 르우벤 → 시므온 → 갓 **성막**
→ 에브라임 → 므낫세 → 베냐민 → 단 → 아셀 → 납달리(맨 뒤)

민 12:3 모세는 온유함이 지면의 모든 사람보다 더하더라.

광야(교회) 생활의 실패 요인들 --- 우상숭배, 음행, 불신, 불평, 시험, 욕심, 분쟁
주로 영적, 성적, 심적, 입술의 범죄.
요단 강 동편의 아모리 왕 시혼(21:21)과 바산 왕 옥(21:33)을 섬멸함.

32장 모세에게 르우벤과 갓 지파가 요단 동편을 달라고 요구함. 결국 2지파 반에게 기업으로 줌.

*** 요약집 p. 33(광야 주요 사건) 참조 1-11번 출애굽기 /// 12-21번 민수기 /// 22-24번 ***
*** 법궤 내 3가지 - 두 돌판(우상숭배), 만나 항아리(욕심, 탐욕), 싹 난 지팡이(분쟁)***

신 명 기 - 오직 말씀으로

모세의 임종 바로 전(前), 시혼 왕과 옥 왕을 쳐 죽인 후, 모압 광야에서

요약집에 이어서
17장 : 우상숭배자의 판결에 관하여(1-13) ~ 확실한 증거가 있을 때 돌로 쳐 죽이라.
이스라엘 왕의 자격(14-20) ~ 하나님이 택하신 자로서 이방인은 세울 수 없다.
18장 : 레위인의 본분과 몫(1-8) ~ 성전 봉사에 완전히 헌신한 자여야 한다.
참 선지자와 거짓 선지자의 자격 및 선포(9-22)
19장 : 살인자가 도피하는 성(1-14) ~ 실수로 살인한 자를 피의 복수로부터 보호해야 한다.
거짓 증인이 받는 벌(15-21) ~ 살인하지 말라(6계명). 도적질하지 말라(8계명).
거짓 증거하지 말라(9계명). 두 사람 이상으로 법적 증인 삼아라.
마음의 정직과 반대이다.

20장 : 적군과 싸울 때(1-20) ~ 하나님께서 악과 싸워 이기게 하는 성전(聖戰) 사상이 있다.
21장 : 범인이 없는 살인 사건(1-9)이 발생 시, 암송아지를 죽여 고백하는 속죄 의식을 행한다.
사로잡은 여자에 관하여(10-14) 1달 후 결혼할 수 있다. 가나안 우상숭배 여인은 불가.
장자권의 상속(15-17) 촌수에 기준하며, 첫 번째 아들에게 우선적 장자권이 있다.
부모에게 거역한 패역한 자식에 대해서는 사형으로 처벌한다(18-23).
22장 : 형제의 소나 양의 길 잃은 것(1-4) ~ 이웃의 재산 및 가축을 보호하라는 사랑이다.
여자가 남장을 못함(5-12) ~ 남녀 의복을 혼용하는 것은 미신적 행위이다.
성적 율례(13-30) ~ 처녀의 순결성은 절대적이며, 간통한 남녀는 사형에 해당된다.
23장 : 여호와의 총회에 들어오지 못하는 사람들 ~ 1, 2절 및 암몬, 모압, 에돔 및 애굽인들.
24장 : 재혼에 대한 규례(1-13) 품꾼과 객에 관하여(14-22)
25장 : 인간관계의 삶(1-16)
*** 아말렉을 진멸하라(17-19) *** 아말렉은 하나님을 두려워하지 않으며, 이스라엘이 연약할 때 공격했으며, 야만적이며 잔인하며 불경건하며 참람한 민족이다.
26장 : 십일조 및 성물에 관하여

세 번째 설교
27장 : 저주받을 12가지 죄를 돌비에 새겨라.
28장 : 순종하는 자가 받는 축복
29장 : 하나님의 말씀을 대대로 지켜 행하라.
30장 : 생사화복의 말씀에 대한 설교 ~ 하나님 말씀은 심히 가까이 있어 마음과 입에 있다.
또한 말씀은 어렵지 않기에 생사화복 4가지에서 생과 복을 택하라.
31장 : 여호수아가 후계자로 위임 받다.
32장 : 모세가 이스라엘의 죄의 역사와 완전하신 하나님에 대한 마지막 찬송을 하다(1-47).
120세에 느보山에서 가나안을 바라보며 눈을 감는 모세(48-52)
33장 : 모세가 마지막 12지파에게 축복 기도하다.
34장 : 모세가 여호수아에게 안수하였으므로 그에게 지혜의 신이 충만하니 이스라엘 자손이 여호와께서 모세에게 명하신 대로 여호수아의 말을 순종하였더라.

***** 모세 5경의 요약 *****

창세기 - 분리의 역사 은혜 받은 사람 vs 은혜 받지 못한 사람(아담의 불순종, 가인의 분냄, 롯의 안목의 정욕, 에서의 영적 특권을 경홀히 여김).
출애굽기 - 하나님은 누구신가? 성막, 율법=계명 + 율례 + 규례
레위기 - 성결은 **오직 피**로, 제사, 대제사장, 절기
민수기 - 생활은 **오직 십자가**로, 광야 생활 40년
신명기 - 성도는 **오직 말씀**으로, 모압 평지에서 2세들에게 모세가 세 번 말씀 설교를 행함.

여호수아 --- 가나안 개척자

역사서 12권 여호수아(BC 1400년경)부터 느헤미야(BC 430년경)까지.
모세가 율법 받으러 갔을 때 산 중턱에서 기다림(출 24장).
하나님의 지혜의 영이 충만하게 됨(신 34:9). 지혜를 구해야 함(예: 솔로몬, 다니엘, 약 1장).
참고로 여자 성도들에게 가장 필요한 은사. 목회자에게는 영들 분별이 가장 중요함.

수 1:12-18 여호수아가 두 지파 반에게 요단 동편을 소유지로 줄 것을 재차 약속함(민 32장).
수 2:18, 21 붉은 줄, 사닥다리(야곱이 벧엘에서 꿈꿀 때), 나뭇가지(출 15장 마라 연못, 왕하 6:6 엘리사의 생도), 장대(불뱀 사건 시, 장대 위의 놋뱀을 바라보는 자)
결국 기생이었음에도 불구하고 구원받고, 다윗의 고조 할머니가 됨. 보아스의 母
수 3장 요단 강을 건널 때, 언약궤(하나님의 임재)가 열 번 나옴.
수 4장 영원히 기념하라. 유월절을 기념, 요단 강을 건넌 것을 기억, 베다니의 마리아가 주님께 행한 것을 기념, 주님의 피와 살을 기념하라.
수 5장 영적 전쟁의 준비 작업---① 할례 ② 길갈에서 진 침 ③ 보다 장성한 음식
④ 여호와의 군대대장(예수 그리스
할례---마음에 해야 하며, 죄와 결별함을 선포하는 예식
*** 할례란 '(짐승을) 잘라 건너가다', '(양피를) 도려내다', '(말씀으로) 언약하다' 라는 뜻 ***
수 6장 여리고를 무너뜨릴 때---언약궤가 11번 나옴. 아침 일찍이 일어나서 여리고를 돌 때는 조용히, 영적 무기 3가지(여호와의 궤, 양각 나팔, 외침)
*** 양각은 '어린 양' 에 어근한다. 즉, 어린 양의 뿔로 만든 그리스도 복음의 예표 나팔이다. 은 나팔은 주로 전쟁 시 분다. ***

수 7장 아이 성에서의 패배(2천 명 정도로도 자신감이 있었으나,)
수 8장 아이 성에서의 회복(3만 명의 군사가 동원됨.)

수 9장 기브온의 속임수
여호수아의 두 번의 실수 ~ ① 아이 성에서의 패배
② 기브온에 속음. 그러나 θ께서 책망치 아니하시고 오히려 전화위복이 됨. 태양아! 달아! 중부를 장악하게 됨. 그러나 다윗 때 3년 기근이 생김. 원인은 사울이 하나님 이름으로 약조한 기브온을 죽이려 했기에 → 다윗이 사울 자손 7을 기브온에 줌.
* 혼돈하기 쉬운 것들 ~ 기브온 족속, 사사 기드온, 예루살렘인 여부스

수 10장 아얄론에서 아모리를 섬멸함. 10장까지 5년 동안에 중부 전선을 장악함.

수 11장 남북 전쟁에서 31왕을 정복함.

12지파의 가나안 분할

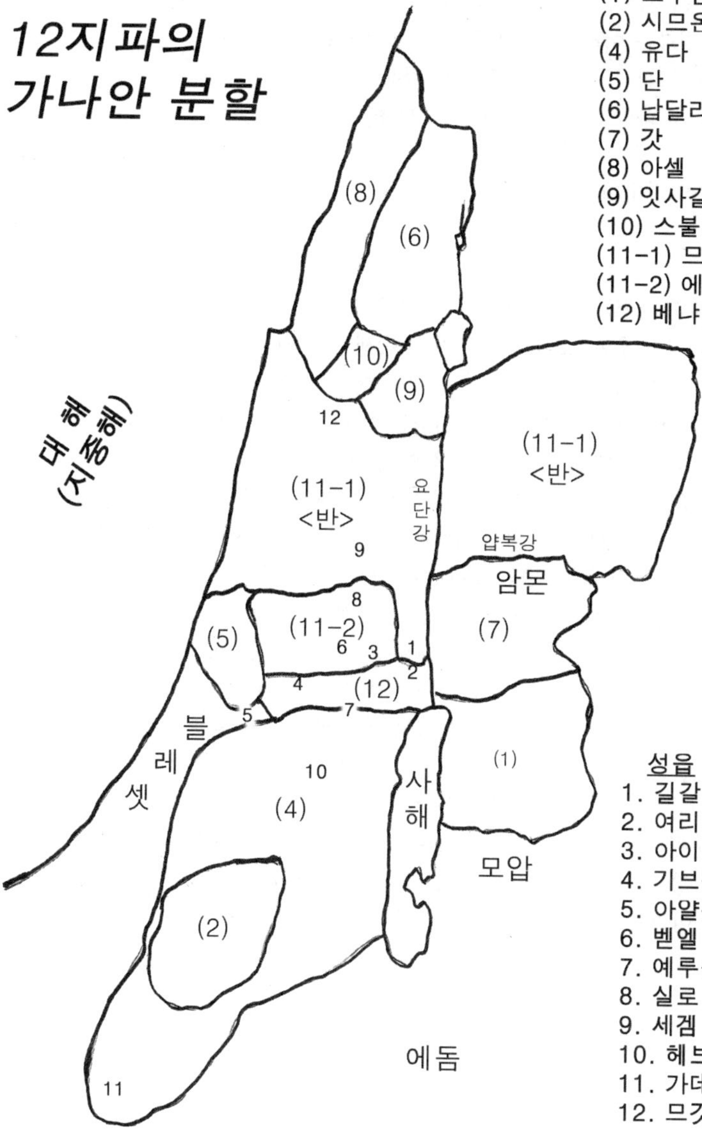

지파
(1) 르우벤
(2) 시므온
(4) 유다
(5) 단
(6) 납달리
(7) 갓
(8) 아셀
(9) 잇사갈
(10) 스불론
(11-1) 므낫세
(11-2) 에브라임
(12) 베냐민

성읍
1. 길갈
2. 여리고
3. 아이
4. 기브온
5. 아얄론
6. 벧엘
7. 예루살렘
8. 실로
9. 세겜
10. 헤브론
11. 가데스 바네아
12. 므깃도

60km
37.6M

수 13-21장 가나안을 12지파에게 분배함 --- You can drive out.

*** 유다 지파 갈렙만이 모든 거민을 좇아냄.

Can not과 Do not은 서로 다름. 전자는 할 수 없음, 후자는 할 수 있는데 안 함.

유다 지파만 could not(수 15:63; 삿 1:19) 다른 8지파 반은 didn' t.

불평하지 마라(17:14). 스스로 개척하라(17:15). 지체하지 마라(18:3). ***

베냐민 지파는 여리고와 예루살렘을 분배 받음(중심지).

므낫세는 광활한 북방 지역을 분배 받음.

요단 동편의 2지파 반(르우벤, 갓)의 이기주의

수 22-24장 여호수아의 고별 설교

*** 여호수아 시절 주요 이방 족속 ***

모압 --- 롯과 첫딸 사이의 후손. 보아스의 처 룻의 출생지. 발락 왕과 선지자 발람 이스라엘 자손이 모압 종교와 접촉하므로 우상숭배와 음행에 빠짐(민 25장).

암몬 --- 롯과 둘째 딸 사이의 후손. 따라서 모압과는 아주 가까움. 사사 시대 당시 아주 강하여서 이스라엘을 침공했음. 대표적으로 몰렉 신이 있다.

에돔 --- 에서의 후손으로 에서의 별명이기도 하며, 뜻은 '붉다.' 세일 산 등 천연 요새인 산악에 거주하여 자연을 의지하므로 교만함. 남 유다 왕국이 바벨론에 멸망될 때 박수치며 동조하므로 절대 용서받을 수 없는 민족. 오바댜 선지자가 멸망을 선포함.

아말렉 --- 에서의 후손인 유목 민족. 여호수아가 첫 번째 전쟁(출 17장). 주변 국가와 연합하여 계속 이스라엘을 괴롭힘. 사울도 아각 왕을 살려 줌으로 폐위됨. 아각 사람 하만. 피곤한 이스라엘을 괴롭혔으므로, 반드시 완전 진멸되어야 함.

아모리 --- 여러 곳에 흩어져 사는 소왕국의 유목민. 시혼과 옥 왕. 후에 이스라엘과 아모리는 서로 평화하다가(삼상 7:14; 삼하 21:2), 솔로몬 때 이스라엘로 예속됨(왕상 9:21).

시혼 --- 시혼 땅은 르우벤과 갓 지파에게 귀속됨.

블레셋 --- BC 1500년경 가나안으로 이주함. 철저한 인본주의, 합리주의 사상으로 신본주의인 이스라엘과 가장 많은 충돌을 야기했다. 막강한 군사력과 우상인 다곤, 아스다롯, 바알세불 등. 욥바, 아스돗, 아스겔론, 가자, 에그론, 갓 등이 대표적 성읍.

사 사 기 --- 평신도 사역자 훈련원

여호수아가 죽은 후, 사사 시대의 이스라엘은 세상을 편안하고 안락하게 살려는 현실주의, 실용주의 및 세속주의에 치우치는 삶을 살았다. 고난, 인내를 싫어하는 현대사회의 거울이다. 따라서 군사적 혹은 영적 실패가 사사기에 7회 기록된다.

결국 현대사회와 마찬가지로 ① 요셉 지파가 벧엘에서 선대 타협함(1:24). ② 하나님 목소리를 듣지 아니함(2:2). ③ 여호와를 알지 못함(2:10). ④ 바알 등 우상과 타협하여 섬김(2:11). ⑤ 음란해짐(2:17). 인본주의로는 바알도 OK, 다른 신도 OK이다. 꼭 예수만이 구세주인가?

*** 비록 왼손잡이(불구자), 여인, 농부, 기생의 아들, 서자라 할지라도 ***

① 왼손잡이 에훗 vs 모압 왕 에글론(3:12-30) ~ "내가 하나님의 명령을 받들어"(20).
왼손잡이 혹은 오른손이 짧거나 쓰지 못하는 불구자(?)이며 모압 왕에게 공물을 바치는 자이다.

② 여인 드보라. 동역자 바락, 특히 여인 야엘 vs 적장 시스라를 살해함. ~ 4-5장
당시 평범한 여자가 영적 leader가 된다는 것은 상식 밖의 일이다.

③ 소심하고 째째하며 의심 많은 농부 기드온의 300명 vs 3대 연합군 135,000명 ~ 6-8장
소심하고 평범한 농부 기드온을 처음부터 큰 용사라 부르신다(6:12).

④ 기생의 아들이요 서자이며 재산 관계로 버림받았던 입다 vs 암몬 ~ 11장
사역 前부터 입다를 큰 용사라 부르신다(11:1).

***** 이스라엘의 주요 내전(內戰) 및 실패 원인 *****

1. 에브라임 지파의 딴지, 특히 같은 요셉의 후손인 므낫세 사사와 싸움.
   ① 기드온과 크게 다툼(삿 8:1) 에브라임의 끝물 포도가 기드온의 첫 물 포도보다 낫다.
   ② 입다 때. 전쟁 후 돌아오는 군사들에게 또 딴지. Shibboleth -> Sibboleth이라 발음함.
   입다의 군사들이 에브라임의 42,000명을 죽임.

2. 기드온의 아들인 아비멜렉과 外家인 세겜 사람들(9장)
   아비멜렉이 우세했으나, 여인이 맷돌로 아비멜렉의 두개골을 깨뜨림.

3. 단의 무사안일주의로 현실을 도피 ~ 블레셋과 싸우기 싫으니 기업을 버리고, 평온하며 안전한 최북단에 위치한 라이스(Laish)로 이주(18:7, 29)하여 후에 이곳을 단이라 부름.

4. 베냐민 지파와 다른 지파와의 피비린내 나는 내전(19-21장).
   레위인의 첩. 죽은 시체를 12조각.
   베냐민의 26,700명과 타 지파 40만이 싸워 베냐민 600명 만 남음.

5. 다른 지파들의 실용주의, 현실 타협주의, 현실 모방주의 ~ 각각 그 소견에 옳은 대로 행함.

**** 12지파 *****

1) 르우벤 --- & 레아. 요셉을 구하려고 애썼다. 아버지의 첩 빌하와 통간해서 장자권을 잃음. 요단 동편을 차지하였고, 거의 비협조적이었으며, 주요 인물이나 번영은 없다.

2) 시므온 --- & 레아. 친여동생 디나가 강간당하자, 동생 레위와 함께 세겜 성의 모든 남자를 살해함. 특별한 활약은 없었고, 자연스럽게 유다에 종속된 것으로 여겨진다.

3) 레위 --- & 레아. 시므온과 함께 세겜 남자를 죽임. 아론의 금송아지 사건 때 하나님의 편에 섰으므로 제사장 지파가 됐다(출 32:26-29). 레위 지파이므로 가나안 땅을 분배받지 아니하고, 각 지파마다 4성읍씩 레위 성읍을 할당받음. 모세, 아론, 미리암, 엘리, 사무엘, 사독 제사장, 에스라, 세례 요한 등.

4) 유다 --- & 레아. 요셉을 죽이는 대신 노예로 팔 것을 제안했다. 베냐민 대신 기꺼이 몸을 담보할 것을 제안했다. 유다 후손으로 통치자의 지팡이가 날 것이다. 갈렙 가족만 가나안 민족을 쫓아냄. 갈렙, 사사 옷니엘, 다윗 등 유다 왕국의 왕, 예수님.

5) 단 --- & 라헬의 종 빌하. 인본주의 산실인 블레셋과 피곤한 전쟁을 하다가 북쪽으로 현실 도피하여 사라졌다. 현실 도피주의자. 13대 사사 삼손.

6) 납달리 --- & 라헬의 종 빌하. 4대 사사 드보라의 동역자 바락.

7) 갓 --- & 레아의 종 실바. 요단 동편의 땅. 르우벤과 함께 이기주의적인 지파.

8) 아셀 --- & 레아의 종 실바. 여선지자 안나(눅 2:36)

9) 잇사갈 --- & 레아. 사사기 초반에 잠시 반짝했음. 7대 사사 돌라.

10) 스불론 --- & 레아. 사사기 초반에 반짝했음. 11대 사사 엘론, 선지자 요나.

11) 요셉 --- & 라헬. 애굽의 총리 110세 죽음. 해골이 가나안으로 이송됨.

11-1〉 므낫세 --- 므낫세 반 지파는 요단 동편. 5대 사사 기드온, (아비멜렉), 야일, 입다, 요단 동편의 바르실래, 김함. 용사(수 17:1, man of war)가 많이 나옴.

11-2〉 에브라임 --- 여호수아, 사사 드보라. 이스라엘 역사적으로 가장 많이 딴지 건 지파(사사기 8장, 12장, 미가의 신당 17장, 추악한 사건 19장). 북 이스라엘의 시조 여로보암 왕. Spoil이 가장 많이 된 지파.

12) 베냐민 --- & 라헬. 레위인 첩의 사건 때 극악함(삿 20장). 나중에 작은 지파로 전락함. 여리고와 예루살렘을 기업으로 분배받음. 분열왕국 때 남 유다로 편입됨. 2대 사사 에훗, 사울 왕, 요나단, 이스보셋, 므비보셋, 시므이, 사도 바울 등. 배타적인 지파, 기회주의자, 반란 지파.

룻기 --- 무엇을 어떻게 선택할까?

룻기의 아차 상(賞) 2명 --- 실용주의자; 내게 유익하면 취하고, 손해 나면 버림.
1) 룻의 동서 오르바, 2) 룻의 첫 번째 기업 무를 자(친족).
아마도 룻은 보아스의 조강지처(糟糠之妻)라고 생각되지는 아니함.

사무엘상 --- 하나님의 마음에 맞는 사람 (& 역대상 Ch 1-10)

신본주의 vs 인본주의. 겸손 vs 교만, 인본주의 ~ 사사기 때, 룻기의 실용주의, 엘리 제사장의 아들들(삼상 2장). 사무엘 vs 엘리, 다윗(삼상 13:14; 행 13:22) vs 사울 왕.

암흑기는 사사기 말기부터 사무엘 출생 전까지, 말라기 후부터 세례 요한의 출생 전까지

사무엘상의 주요인물 --- 한나, 사무엘, 사울 왕, 요나단, 다윗의 도피

사무엘은 ① 나실인(삼손, 세례 요한). 어머니의 기도로 태어나서, 어려서 하나님께 드려짐.
② 사울과 다윗에게 기름 부어줌. ③ 라마의 선지 학교 설립자
④ 마지막 사사이며, (사실상) 첫 선지자 ⑤ 단에서 브엘세바까지 부흥강사

사무엘상 처음에는 사무엘과 엘리 제사장 아들인 홉니와 비느하스를 비교함(2-4장).

후에, 사무엘이 늙어 그의 아들을 사사로 세우려 했으나 실패함.

사무엘은 sandwich generation. 神本과 人本, 교육 방법(훈계 or 자유) 등

사울 왕이 폐위된 이유 --- 기본적으로 하나님께 범죄하였으므로

① 블레셋과의 전쟁 前, 제사를 멋대로 드리는 **월권행위** 변명함.
하나님 말씀을 버렸으므로 이는 하나님을 버린 것. 따라서 하나님께서 사울을 버리심.
제사는 레위 지파나 선지자들에 의해서만 드려져야 하나? Yes. 구약 때는 그렇다.
그러나 신약에는 그리스도께서 바꿔 주셨기에 모두 다 드릴 수 있다(히 7:12).

② 아말렉의 아각왕을 살려주는 **불순종** 때문. **기념비를 세워 달라** 함(15:12).
아각을 찍어 쪼갬(15:33). 사무엘은 다시 사울을 보지 않았고, 다윗을 기름 부음.
아말렉을 그렇게 비참하게 죽여야 하나? 아말렉은 에서의 후손인데…….
Yes. 특히 하나님께서는 아말렉을 진멸하라고 명령하셨음(출 17:14; 신 25:19 참조).
에스더 때, 아각 사람 하만이 유대인을 죽이려 함.

사울 왕을 폐위시킨 하나님의 구체적 진단(대상 10:13-14)

① 하나님 말씀을 지키지 아니함. ② 신접한 여인의 가르침을 청함(28장).
③ 하나님께 묻질 아니함.

2人者도 대단히 중요함. 아론, 갈렙, 요나단, 바나바, 실라

다윗이 두 번 사울을 살려 줌. → 다윗과 사울이 다시는 못 만남.

① 엔게디 굴에서 3000명 vs 600명 겉 옷자락을 가만히 벰(24:4).
② 십 황무지에서 아비새에게 죽이지 말라 하고, 창과 물병만 가지고 감(26:11).

죽일 수 있었는데 왜 다윗은 사울을 결정적으로 살려 주었는가?

① 하나님의 기름 부은 자이므로 하나님 수중에 있으니, 다윗은 **하나님 입장에서 생각, 바라봄.**
② 다윗은 **절대로 자기 위치를 고수함** 월권을 하지 않음. 분별은 하되 판단을 하지 않음.
③ 다윗은 **때를 기다림.** 당장이라도 왕이 될 수 있는 여건임.

28장 신접한 여인이 과연 사무엘을 불러낼 수 있었을까?
사사 입다가 딸을 (죽여서) 과연 번제로 드렸을까?
사울 왕의 죽는 상황 --- 삼상 31장과 대상 10장에는 자살.
삼하 1장에는 아말렉 소년에 의해 피살됨.
성경의 표현상 이해해야 할 곳들 --- 하나님의 형상(image of God), 입다가 외동딸을 (죽여) 번제로 드림, 사울을 왕 삼으신 것을 후회하심(15:11), 하나님이 부리시는 악령(distressing spirit, 16:14, 15, 16, 23), 법궤가 들어올 때 뛰놀고(play music, celebrate, or leap)

결론적으로 다윗은 어떤 면에서 하나님의 마음에 합한 사람일까?
① 출발은 험한 길, 고통의 길이다. 이를 축복 기회로 삼고, 낙심하지 말고 피하지 아니하고 정면 돌파 극복 이겨나가는 사람이다. **과정**을 무시하면 안 됨.
② 절대로 하나님의 기름 부음을 받은 자를 해하지 아니함. 사울은 베냐민 지파이니 제사장(현 목사)이 아님. 그러나 판단은 하나님의 권한이니 이를 침범하지 아니함. 분별력이 있음.
현재는 성령 세(침)례 받은 자가 기름 부음을 받은 자이다.
③ 하나님과의 약조는 반드시 지킴(예, 요나단 아들 절뚝발이 므비보셋, 3년 기근 후 여호수아와 기브온의 약조).
④ 무서운 죄를 지었음에도 불구하고 즉시 철두철미하게 회개함. 그러나 대가는 치름.
(밧세바의 사건으로 집안이 대가를 치름. 인구조사로 3일 전염병으로 7만이 죽음)

사무엘하 --- 나의 나 된 것은(고전 15:10) (& 역대상 Ch 11-29)

다윗을 선택하신 이유 --- (시 78:70-72) ① 양의 무리를 보살펴 줌(본업에 충실함)
② 완전(성실)한 마음(integrity) ③ 능숙한 손(skillful hands)
사울 왕이 죽은 후, 다윗이 두 번째로 기름 부음 받아 헤브론에서 유다 지파의 왕이 됨(2:4).
반면, 사울의 아들 이스보셋은 다른 11지파의 왕이 됨.

1. 국내 정치를 정리함.

1) 요압은 두 아우(아비새, 아사헬 2:18)가 있는데, 세 형제가 이스보셋의 군대장관인 아브넬을 추격하다가 아사헬이 살해됨. 사울의 집에서 아브넬의 권세가 점점 강해짐. 사울의 첩을 통간함(3:7). 이스보셋도 아브넬에게 꼼짝 못함(3:11). 아브넬이 다윗에게 협상함(3:20). 결국 요압이 아비새와 함께 동생 아사헬을 죽였으므로, 아브넬을 살해함(3:27).
2) 마침내 이스보셋도 부하에 의해 살해되고, 그를 죽인 부하들도 살해됨.
3) 다윗이 세 번째로 기름 부음을 받아 37세에 온 이스라엘의 왕이 됨(5:3).

2. 하나님께 헌신함.

1) 여부스 사람의 예루살렘을 빼앗아 다윗 성, 시온 성 혹은 **예루살렘**을 수도(성시, 聖市)로 만듦. 예루살렘을 정치, 군사, 문화, 특히 신앙의 중심지로 만듦.

2) 하나님의 **법궤**를 다윗 성으로 옮겨옴(6장). 웃사의 죽음, 오벧에돔의 축복, 미갈의 업신여김. 참고, 내가 여호와 앞에서 뛰놀리라(play music, 6:21).

3) 나단 선지자에게 **성전 건축**을 물어봄.

3. 주변국 정치를 정리함.

1) 블레셋 --- 가장 오래 끈 전쟁(5:17-25; 대상 20장)

2) 모압(8:2; 대상 18장) 소바(8:3) 다메섹 아람(8:5)
하맛(8:9) 암몬(8:12; 대상 19장) 에돔(8:13)

암몬과의 전쟁이 가장 치열했고, 후에 거기서 우리아가 전사함.

요압이 군대장관, 사독과 아히멜렉(아비멜렉, 대상 18:16)은 대제사장이 됨(8:15-18).

4. 잘한 일과 못한 일

1) 다윗의 선행 --- ① 요나단의 아들 므비보셋에 대한 사랑과 친절(삼하 9).
② 여호수아와 약조했던 기브온 사람에게 호의를 베풂(삼하 21).

2) 다윗의 악행 --- ① 밧세바 사건(11장) 및 징계 ② 인구조사(24장, 대상 21장)

역대상에는 이스보셋 사건 및 밧세바 사건이 언급되질 아니함. 반면에 역대상에는 언약궤와의 관계를 보다 상세히 기록함. 신령한 노래(prophesied, 대상 25:1-3)

*** 아브라함 후, 1천 년 만에 가나안 땅에서 히브리 민족이 최전성기를 누림. ***

5. 다윗에 대한 반역들

1) 압살롬(셋째 아들)의 반역 ~ 첫째 형 암논이 친여동생 다말을 더럽힘. 암논을 죽이고 도망했다가 헤브론으로 돌아옴. 헤브론에서 백성에게 선심을 써서 왕이 됨. 아버지 다윗 왕에게 반역하나 후새의 계략으로 실패하여 살해됨.

2) 베냐민 시므이의 반란(16장)

3) 베냐민 세바의 반란 ~ 압살롬이 죽은 후, 11지파의 주동이 되어 다윗에게 반란을 일으키나, 요압이 죽은 세바의 머리를 인계받음(20장).

4) 아도니야(넷째 아들)의 반란 ~ (왕상 1, 2장)

6. 다윗의 군대 대장 요압은 다윗의 치부를 너무나도 잘 알고 있었음.

1) 우리아를 죽게 함.

2) 압살롬이 형을 죽이고 外家로 도망했을 때, 요압이 중재하여 돌아옴.

3) 요압이 압살롬을 죽이니 다윗이 결정적으로 미워함.

4) 넷째 아들 아도니야의 편에 섰다가 솔로몬의 군대 장관에 의해 살해됨.

열왕기상 --- 범죄하는 이스라엘 (& 역대하 Ch 1-20)

다윗 왕의 죽음부터 북 이스라엘의 아합 왕(남 유다는 여호사밧 왕)의 죽음까지.
역대하에는 북 이스라엘에 대한 언급이 거의 없음.

솔로몬의 업적(왕상 2-11장; 대하 1-9장)

1-2장 솔로몬의 국내 정리

여당 솔로몬(다윗의 10번째 아들)의 편 - 사독 제사장, 나단 선지자, 용사 브나야(군대대장)
야당 아도니야(다윗의 4번째 아들)의 편 - 아비아달 제사장, 요압.
'솔로몬 왕 만세' 라는 이름의 권세로, 약속의 이행으로 국내 정치를 정리함.

후에 솔로몬의 군대대장이 된 브나야가 ① 솔로몬의 형인 아도니야를 죽임.
② 백전노장 다윗의 군대대장 요압을 죽임(2:28-34). 오죽 다급했으면 뿔을 붙잡았을까? 다윗의 충신이었던 요압이 왜 아도니야 편에 속했을까? 다윗의 미움을 받았음. (밧세바와 우리아 사건) 다윗의 부조리를 너무 깊숙이 알고 있었음. 무엇보다 죽이지 말라고 간청한 압살롬을 죽임.
③ 대제사장 아비아달을 파면했다가 후에 다시 복귀시킴.
④ 다윗을 저주하며 반역했던 시므이(예루살렘을 벗어났다고)를 처형함(2:36-46).
마침내, 솔로몬이 다윗 왕국을 계승함.
그러나 다윗과는 출발부터가 완전히 다름. 인내와 연단임(예 좋은대로, 자유롭게…….).

3-10장 솔로몬의 통치 및 업적

1) 국방 업무 - 많은 성을 건축, 군비 비축, 이스라엘 역사상 가장 넓은 지역을 확보함.
2) 외교 정책 - 바로의 딸(3:1), 두로의 딸, 시돈 여인, 많은 여인 --->>> **이방신**
3) 과다한 재정 지출과 경제정책 - 7년 성전 건축, 13년 왕궁 건축.
① 과중한 세금 ② 과중한 노동 ③ 외국 조공물 ④ 무역 수지
4) 지혜의 문서 - ① 지혜자 잠언, 전도, 아가 등 ② 나단을 통한 예배 활동
③ 시, 음악, 찬양대 등

11장 솔로몬의 타락과 죽음

분열 왕국(왕상 12장부터)

I. 북 이스라엘의 시조 여로보암

원래 솔로몬의 측근 용사였다가, 애굽으로 피신하여 솔로몬이 죽고 난 후 복귀함.
에브라임 지파. 딴지-한 분깃만? 넉넉지 못하고 저들은 너무 강하다(수 17장). 사사 기드온과 심히 다툼(삿 8장) 끝물과 맏물 포도. 사사 입다(삿 12장) 쉽볼렛, 십볼렛. 42,000명 죽음.
여로보암의 죄 -- ① 타인이 은혜 받는 것을 방해함. ② 외식주의 ③ 자유주의

12-16장 분열과 전쟁 중인 이스라엘

성경에 기록된 이방 제사의 모습(왕상 18:25-29) --- 뛰놀더라(26, leap)
몸을 상하게 함(28, tattoo?)
북 이스라엘에게는 다메섹(아람)이 최대의 적이다.
남 유다에게는 에돔이 최대의 적이다.
메소포타미아 ; 우르(갈대아) -> 여러 소왕국 -> 아람(다메섹, 북 이스라엘의 대부분 기간) -> 앗수르(북 이스라엘을 멸망시킴, 현재는 수리아) -> 바벨론(앗수르와 유다를 멸망시킴)

II. 17-22장 북 이스라엘의 가장 악한 왕 아합 vs 엘리야 vs 아람

아합 왕은 한때 인자한 면도 있었음(20:31). 선지자 말을 듣고 근심도 했음(20:43).
옷을 찢으며 굵은 베옷으로 금식도 함(21:27-29). 하나님께서 재앙을 내리지 아니하심(21:29). 그러나 비교적 강력한 왕이었음.
연합군(인간적인 방법으로)을 형성하려고, 두로와 시돈의 공주 이세벨(아마 바알 선지학교 교장, 또는 총장)을 아내로 맞이하고, 이세벨의 딸 아달랴를 남 유다의 선한 왕 여호사밧의 며느리로 결혼시킴. 아람과 대항하기 위해 연합군이 형성됨.
르호보암 이후, 아합 왕 때 남과 북이 **다시 화평**해짐. 그러나 화평이 최상책은 아님.

이때 하나님께서 보내신 유명한 선지자가 **엘리야** vs **아합**(우상숭배자)
엘리야가 기름 부어준 자(19:15-17) - ① 다메섹의 하사엘 ② 북 이스라엘의 왕이 된 예후
③ 엘리야의 후계자 엘리사
엘리야는 ① 승천했고, ② 마지막 날에 다시 나타남. 그래서 유대인들이 세례 요한이, 예수가 엘리야라고 생각했었음.

너희는 **먼저** 그의 나라와 그의 의를 구하라. 그리하면 이 모든 것을 너희에게 더하시리라.

비 자연사의 Kings or leaders

초대 사울 왕은 자살 혹은 아말렉 사람이 살해함

남 유 다	killed by	북 이스라엘	killed by
		2. 나답	3. 바아사
		4. 엘라	5. 시므리
		5. 시므리	자살
		6. 디브니(분열됨)	7. 오므리
		8. 아합	8. 아람에서 전사
6. 아하시야	북 11. 예후	10. 요람	11. 예후
7. 아달랴	백성	예후는 북 10. 요람, 아합의 처 이세벨, 아합의 70명 왕자, 많은 귀족 남 6. 아하시야 등을 살해함.	
8. 요아스	부하		
9. 아마샤	백성		
		15. 스가랴	16. 살룸
		16. 살룸	17. 므나헴
		18. 브가히야	19. 베가
		19. 베가	20. 호세아
		20. 호세아	앗수르에 포로
15. 아몬	신복		
16. 요시야	애굽 전쟁 때 전사		
17. 여호아하스	애굽 포로		
18. 여호야김	바벨론 1차 포로		
19. 여호야긴	바벨론 2차 포로		
20. 시드기야	바벨론 3차 포로 멸망		

마태복음 1장 족보에서 빠진 왕들 ~ 6대 아하시야(아달랴의 아들, 예후에게 살해됨),
8대 요아스 (부하에게 살해됨, 선지자를 죽임, 배은망덕),
9대 아마샤(에돔 신을 섬김, 백성에게 살해됨)
17대 여호아하스(친 앗수르) 18대 여호야김(애굽의 앞잡이)
19대 여호야긴은 여고냐로 기록됨. 20대 시드기야

이사야 선지는 10대 웃시야 말기부터 13대 히스기야 때까지 사역함. 일설에 이사야가 웃시야 왕과 (확실치는 않으나) 사촌이었을 것이라고도 함.

미가 선지자는 11대 요담부터 13대 히스기야 때까지 사역함.

예레미야는 개혁왕 요시야 때부터 남 유다가 멸망할 때까지 사역함.

이스라엘과 유다 왕국의 왕들과 선지자들

사울 (40, D)---삼상
다윗 (40, A)---삼하, 대상
(유다는 역대하를 기준) 솔로몬(40, C)---왕상, 대하 (이스라엘은 왕상 · 하 기준)

유다(역대하)	선 지 자	이스라엘(D or F, 열왕기)	Pg
1. 르호보암(17, C)	534, 668	1. 여로보암(22, F) 혼합 종교	536
2. 아비야(3, C)	541, 672	2. 나답(2)	540
3. 아사(41, B)	541, 673	3. 바아사(24)	542
		4. 엘라(2)	543
** 교만 **		5. 시므리(7일)	543
** 교만 **		6. 디브니(5)	544
		7. 오므리(12, F)	544
4. 여호사밧(25, B)	542, 676 엘리야	8. 아합(22, F) 우상숭배	544
5. 여호람(8, F)	559, 683 엘리사	9. 아하시야(2)	559
6. 아하시야(1, F)	575, 685	10. 요람(여호람, 12)	561
7. 아달랴(6, F)	581 오바댜(에돔)	11. 예후(28, C)	577
8. 요아스(40, C)	582, 687	12. 여호아하스(17)	581
9. 아마샤(29, C)	583, 689 요엘?	13. 요아스(16)	584
	요나(니느웨) 아모스	14. 여로보암II(41, F) 돈 사랑	586
10. 아사랴(52, B)	587, 691 호세아	15. 스가랴(6달)	587
(웃시야)		16. 살룸(1달)	587
11. 요담(16, B)	587, 692	17. 므나헴(10)	588
12. 아하스(16, D)	589, 693	18. 브가히야(2)	588
	이사야(대 선지자)	19. 베가(20)	588
13. 히스기야(29, A)	590, 695	20. 호세아(9, F) 사마리아 멸망	590
	미가	BC 722 앗수르에 포로	
14. 므낫세(55, F)	599, 703		
15. 아몬(2, F)	601, 604나훔(니느웨)	북 왕국은 약 210년 만에	
16. 요시야(31, A)	601, 704 스바냐	9왕조(王祖) 동안	
17. 여호아하스	605, 709	우상숭배 때문에	
(3달, D)	예레미야(대 선지자)	사마리아가 함락됨.	
18. 여호야김(11, D)	605, 709 하박국		
19. 여호야긴(3달, D)	605, 709		
20. 시드기야(11, D)	606, 709	유다 멸망	
	에스겔(대 선지자)	BC 586 바벨론으로 포로	
	다니엘(대 선지자)		
다윗(유다) 왕조임.	학개(BC 510)	BC 538 페르시아에서 유다로 돌아옴	
교만 때문에	스가랴(BC 500)		
바벨론에 멸망함.	에스더(BC 470)	열방 : 아람 → 앗수르 → 바벨론 →	
	에스라(BC 450)	메대와 바사 → 헬라 → 로마	
	느헤미야(BC 430)		
	말라기(BC 400)		
	신구약 중간기		

열 왕 기 하 --- 멸망하는 이스라엘
(& 역대하 Ch 21-36)

북 이스라엘은 우상 때문에 망함. vs 사도 바울 ~ 능력과 기사와 표적
남 유다는 교만 때문에 망함. vs 사도 베드로 ~ 성령을 받으라.

아마도 아합 왕 때보다 더 악하니 엘리사는 엘리야의 영감보다 갑절이나 구했을 것임.
엘리사는 아람 군대장관 나아만의 나병을 치료해 주었고(5장), 아람 군대의 눈을 다시 보게 해 주니(6장), 아합의 아들 왕들에게 미움을 샀을 수도 있음.

아합 왕의 아들 아하시야 왕 & 아하시야의 형 요람 왕 vs 엘리사

III. 9-11장 아합 왕가(王家)를 정리한 예후 왕

아합 왕가를 몰살시켰으나, 너무 많이 죽여서 국가 행정력이 약해짐
남 유다 왕국과는 다시 평행선(전쟁도 화평도 아닌)의 상태.
예후 왕도 북 이스라엘의 최악의 우상숭배자 여로보암의 죄에서 벗어나지 못함.

IV. 14장 북 이스라엘의 가장 강력했던 왕 여로보암 2세

예후의 증손이지만, 아주 세속적이며 악한 왕이었고, 북 이스라엘 왕 중 최장수 통치자.
당시 정세는 최북단의 아라랏이 앗수르를 공격하니, 앗수르가 약해짐.
앗수르가 아람 다메섹을 공격하니, 아람 다메섹이 심히 약화되어 이스라엘을 공격하지 못함.
여로보암 2세가 참으로 lucky했으나, 하나님을 전혀 섬기지 않아, 그의 행적은 아주 짧게 기록됨.
이때 아람은 멸망되고, 앗수르가 아라랏까지 정복하니 앗수르가 북방 왕국의 대명사로 됨.
여로보암 2세 이후 북 이스라엘, 세상적으로도 급하게 몰락함.
*** **내일 일을 자랑치 말라.** 세상 나라는 반드시 멸망한다. 천국은 반드시 온다. ***

《《《선지자》》》
엘리야 --- 북 이스라엘의 가장 악한 왕 아합 때. 능력과 불의 선지자
엘리사 --- 아합의 두 아들 왕들 때. 엘리야의 영감의 갑절로 사역함.
아모스 --- 북 이스라엘의 가장 부강했고 세속주의 때인 여로보암 2세. 정의의 하나님
남 유다의 평범한 농부 출신 **"나를 찾으라."** 찾겠나?
호세아 --- **"하나님께 돌아와, 알고, 경험하라."** 부족한 것이 없는데?
아모스 사역 직후 북 이스라엘에 대해 사역함. 사랑의 하나님.

《《《이방을 위한 선지자》》》

오바댜 --- 에돔에 대해 사역. 에돔은 반드시 망한다. 북 이스라엘의 예후 때.

요나 --- "니느웨여! 망하리라. 회개하라." 앗수르 니느웨이지만 회개함.

나훔 --- 니느웨에 대해 사역함. 요나 후 약 140년 경과. 북 이스라엘을 멸망시킴.

《《《분열 왕국 시 이방 국가 및 도시》》》

니느웨 --- 고대 메소포타미아 성읍 중 하나이며, 앗수르의 수도이다. 현재 바그다드의 북서쪽 350km 위치함. 산헤립 왕 때 가장 화려했던 것으로 추측됨. 그러나 BC 612년 앗수르가 바벨론의 느부갓네살에 의해 멸망하면서 니느웨도 함께 자취를 감췄다.
성경에는 니므롯이 건설했던 곳(창 10:11). 요나의 외침을 듣고 회개한 악한 성읍이나, 나훔 선지자는 니느웨가 멸망할 수밖에 없음을 선포했다.

다메섹 --- 헤르몬 산 북서쪽에 위치한 인류 고도(古都)이다. 아브라함의 종 엘리에셀의 출신지이다(창 15:2). 이스라엘과 전쟁을 많이 한 곳이며, 다윗 때 확실히 이긴 것을 제외하고는 주로 다메섹이 이스라엘을 이겼다. 다메섹은 아람의 주요 도시이었으나, 아람이 망하면서 위세가 꺾였다. 사울(바울 사도)이 다메섹으로 가다가 회심한 장소이다.

베니게 --- 지중해 해안을 따라 좁고 긴 약 300km의 지역이며, 오늘날 레바논과 거의 일치한다. 따라서 해상 무역이 아주 발달했었고, 나무로는 백향목이 유명하다. 도시로는 지중해 연안의 두로와 시돈이 유명함. 고대에는 대단히 화려했으나, 점점 약화되면서 바벨론에 멸망했다.

바벨론 --- BC 19세기부터 BC 6세기 초반까지는 아주 작은 도시였으며, 외부의 침략도 많이 받은 제국이었다. 느부갓네살의 아버지가 BC 612년에 앗수르 수도 니느웨를 함락시키며 바벨론 제국의 기초를 다지기 시작하여 느부갓네살 때 갈그미스에서 애굽을 이기고, 이어서 수리아와 그 주변을 차지하면서 제국의 전성기를 맞이한다. 그러나 바사의 고레스가 벨사살을 죽이니, 바벨론 제국의 종지부를 찍었다.

수리아 --- 구약에서 "아람"이라 불린다. 영어는 Syria, 히브리어는 아람, 헬라어는 쉬리아이다. 특히 근동의 언어로는 아람어가 아주 유명하며, 예수께서 "달리다굼, 엘리엘리 라마 사박다니" 같은 아람어를 사용하셨으며, 다니엘書도 2-7장은 아람어로 쓰였다. 영토는 이스라엘의 북쪽 옆으로 누워 있다. 수도는 안디옥이며 중심도시는 다메섹이다. 다니엘書에 의하면 적그리스도가 시리아에서 나올 것이며, 남방 왕국은 애굽이요, 북방 왕국은 시리아로 표현되어 있다.

아　람 --- 수리아이다. 노아의 손자, 셈의 아들인 아람이 시조. 따라서 아라랏 남방을 차지함.
아람 때, 북 이스라엘의 선지자는 엘리야, 엘리사 등이다.

앗수르 --- 이스라엘을 멸망시킨 최대의 적인 북방 왕국이다. 잔인성으로 묘사된다. 종교는 多神인데 민족신, 월신 느보, 벨(사 46:1), 니스록(왕하 19:37; 사 37:38) 등의 신이 있다. 특히 바벨론 종교와 비슷하여, 담무스(겔 8:14, Tammuz), 이쉬타(Ishtar) 등을 섬긴다.

남 유다의 역사(History) --- 현대 교회의 거울

1. 북 이스라엘과의 전쟁 시대
   1대 르호보암의 모친은 암몬 여인.
   3대 아사는 매우 훌륭했으나, 교만해져서 중병에 걸렸을 때 하나님께 구하질 아니함.

2. 북 이스라엘과 화평한 시대 —— 문제가 생기게 됨.
   4대 여호사밧이 아달라(이세벨과 아합의 딸)를 자부(daughter in law)로 맞이함.
   ① 유다 국민과 거짓 선지자들은 "유다는 결코 망하지 않는다" 고 선포함.
   그러나 참 선지자는 "유다가 이렇게 하면 반드시 망한다" 고 선포함.
   지금도 교회에서 "회개하라, 성령 받아라, 귀신을 내쫓아라!" 가 이미 사라졌음.
   ② 하나님은 유목민의 신이고, 바알은 농업의 신이니 하나보다는 둘이 훨씬 더 좋다.
   즉, 교회에서도 이것도 좋고 저것도 모두 다 좋으니, 선한 대로 모두 취하자.
   유다 왕 중 몇몇은 처음에는 훌륭했으나, 둘 다 취하니(교회가 커지니) 교만해져 나중에는 하나님을 찾지 아니함.
   *** 선한 왕(선한 교회) 여호사밧은 이 두 가지 사상으로 자자손손 유대 나라에 짐이 됨. ***

3. 북 이스라엘과 무관심한 시대
   요아스 왕 --- 고모 여호사브앗와 고모부 제사장 여호야다의 은혜로 왕이 됨.
   사촌인 선지자 스가랴를 죽임. 아벨의 피에서 스가랴의 피까지.
   웃시야 왕 --- 이스라엘의 여로보암 2세가 죽은 직후, 왕조가 자주 바뀌는 시대.
   아람은 아라랏에 의해 심히 약해지니 유다가 반사 이익을 얻음.
   *** 거의 일률적으로 처음에는 하나님을 잘 섬겼으나 부강하니 교만해짐. ***

4. 유다 왕국만 홀로 남아 있던 시대
   (열국으로부터 우겨 싸임을 받은) 히스기야 왕, 이사야와 미가 선지자

5. 유다의 멸망 시기
   요시야 왕 --- 아주 선한 왕 　 반(against) 앗수르 　 므깃도에서 죽음.
   유다와 바벨론이 연합 vs 애굽과 앗수르가 연합

   1차 포로 BC 606년(다니엘 등) + 70년 = BC 538년 1차 포로 귀환

   *** 특히 하나님께서 어렵고 힘들 때 다소 짧은 기간이지만,
   오바댜, 예레미야, 나훔, 스바냐, 하박국 등 선지자를 많이 보내 주심. ***

에스라 --- 말씀으로 회복, 학사 겸 제사장

남 유다 왕국마저 바벨론에 망한 후, 유대인들이 서너 갈래로 흩어짐.

① 애굽으로 피신한 자들 -- 예레미야는 애굽으로 가지 말 것을 촉구함. 그도 애굽으로 끌려가, 말년에 선지 활동을 함. 애굽에서 흩어져 대부분 다신교(多神教)로 되어 버림.

② 유다에 남은 자들 ⓐ 진보 북부 부유층-사마리아, 현실과 타협, 혼잡한 결혼, 성전 건축에 반대.
ⓑ 보수 남부 빈곤층-예루살렘, 신앙을 지키려 함, 노인과 비천한 자.

③ 바벨론에 포로 된 자 -- 다니엘, 에스겔, 여호야긴 왕, 시드기야 왕 등

BC 562년 바벨론의 느부갓네살 왕이 죽음. 이후 아들(에윌므로닥) 왕이 여호야긴을 석방해 줌(왕하 25:27-30). 아들 왕이 반역으로 피살됨. 처남(네르갈사레셀)이 왕이 됐으나 죽고, 그의 어린 아들이 왕이 됐으나, 처형당함. 마침내 느부갓네살의 사위인 나보니더스(유능함)가 왕으로 즉위함. 이때부터 북방의 메대국이 등장하기 시작함. 그가 아들 벨사살을 부왕(vice-king)으로 세워 줌. 벨사살(느부갓네살의 외손자)은 둘째 치리자이고, 다니엘이 셋째 치리자가 됨(단 5:29).

메대와 바사가 서로 궁중 연합 결혼함. 마침내 바사의 유능한 고레스가 메대를 흡수하여 연합국의 왕이 됨. 그 다음 왕이 아하수에로 왕. 다음은 아하수에로의 아들인 다리오 왕(단 9:1).

바사의 고레스 왕이 바벨론의 벨사살을 멸망시킴. 하나님의 뜻(사 44:28)으로 고레스가 "① 예루살렘으로 돌아가서 ② 성전을 재건하라"는 칙령을 내림.

사마리아인들이 '성전'을 '성벽'이라 거짓말하여 약 15년간 중단됨(4:11-16).

바사 왕들: 고레스, 캄비세스, 스멜디스, 다리오 1세, 아하수에로, 아닥사스다, 다리오 2세

사역한 시기의 왕 스룹바벨~1-4대, 에스라~1-6대, 학개~다리오 1세
스가랴~4, 5대 말라기~아닥사스다 느헤미야~6, 7대

1) 포로 귀환을 시점으로 **학개, 스가랴** 등 선지자가 성전 재건이라는 힘든 사역을 함.
2) BC 538년 스룹바벨, 대제사장 예수아 등 제1차 포로귀환(스 1~2장)
3) 성전 건축 시작(스 3~6장) 에스라는 아론의 16대 손(孫), 학자(법무 차관급) 겸 제사장.
   성전 재건 반대자 ~ 르훔, 심새 등 사마리아 사람들. 약 15년 동안 중단됨.
4) BC 483~473년 바사의 아하수에로 왕(**에스더**)
5) BC 457년 바사의 아닥사스다 왕 때, 에스라 등 제2차 포로 귀환(스 7~10장)
   성전 재건 완성(BC 516) **및 신앙 개혁** 착수 후, 약 20년 후 완성됨.
6) BC 444~425년 아닥사스다 왕 때, 느헤미야 등 제3차 포로 석방.
   총독 느헤미야가 예루살렘 **성문과 성벽을 재건 命**(BC 445)--- 62이레의 시작
7) 마지막 선지자인 **말라기**의 사역. 그 후 신구약 중간사.

에스라 6장과 7장 사이는 약 60년이 경과됐으며, 그동안 에스더가 왕비로 책봉됨.

느헤미야 --- 총독, 행정가, 제2의 모세

느헤미야는 바사의 아하수에로의 아들인 아닥사스다 왕 때 술 관원이었다가 마지막인 3차 포로 석방의 주역이요, 행정가요, 총독이다. 크게 두 부분으로 나뉜다.
① 1-6장은 느헤미야의 준비된 기도의 leadership, ② 7-13장은 에스라의 신앙적 사역

1장 준비 기도하는 느헤미야 슬퍼하며, 금식 기도(4) 간구(5) 주의 이름을 경외함(11)
2장 지혜롭게 인내함.
3장 성문이 완성 하나님의 일은 여러 명이 함께 협동하여 하는 것임.
4장 외부의 반대 ---하나님의 좋은 일 즉 성문과 성벽을 쌓는데, 외부의 세력들이 힘을 빼앗아 낙심케 하며, 두려움을 주기도 하며, 어떻게 해서든 저지하려는 외부의 반대에 부딪치게 됨.

5장 내부의 반대 --- 이스라엘 백성 내부에서 "자녀가 많아 먹고 살아야 하며, 흉년이 들었고, 세금도 많이 냈고, 이제는 자녀를 종으로 팔아야 할 상황이어서 힘이 없다"(2-5)고 반대했다. 이에 느헤미야가 기도와 계획한 후, 모든 불필요한 것은 다 돌려보내겠다. 또 내가 총독으로 부임한 지 12년 동안 녹(사례비)을 받지 아니하였고, 과거의 관습을 타파하고, 힘을 합하여, 하나님의 은혜로 성문 및 성벽 공사를 하자고 권함.
성벽 재건 반대자 ~ 산발랏, 도비야 등 사마리아 사람들.

6장 대적들의 반대를 이기고, 52일 만에 **성벽 완성됨**.
① 느헤미야를 해하고자 함(2).
② 바사에 대한 계획적인 모반(악성 rumor)이라 함(6-9).
③ 느헤미야의 친구인 스마야를 뇌물로 매수하여 느헤미야를 성전에 가두려 함(10). 성전 성소에는 제사장만 들어갈 수 있다.

8장 에스라의 부흥집회 --- 예루살렘 성전, 성벽 그리고 성문이 재건된 후, 학자 에스라가 백성들에게 말씀으로 마음에 은혜의 단비를 부어 줌. 새벽부터 정오까지(6시간 동안) 율법책을 읽으매 귀를 기울이고(3), 모든 백성이 일어서서(5) '아멘 아멘'으로 응답하고 여호와께 경배함(6).
또한 말씀을 낭독하고 그 뜻을 해석하니 다 깨닫고 다 울음(8-9). 읽고 낭독 읽고 낭독…….

13장 느헤미야의 질책 --- 예루살렘의 회복과 영적 부흥을 본 총독 느헤미야는 바사로 다시 귀환했다가 예루살렘이 다시 타락했다는 소식을 접한 그가 다시 예루살렘으로 귀환하여 몇 가지를 질책함. ① 교회 내에 세상 풍습을 따라가다 부패함. 도비야를 위하여 큰 방을 내줌(5). 도비야는 성전 재건을 극렬하게 반대했던 자. 교회에 있어서는 안 될 풍습이 존재하고 있는지? ② 성도끼리 재물로 이해를 따짐. 즉 이권관계로 서로 불편해짐. ③ 십일조는 하나님의 것이므로 하나님께 드리는 것이지, 헌신의 예법이지 드리는 데 가부(可否)의 것이 아니다. ④ 안식일을 거룩히 지키지 아니했다는 점. ⑤ 가정의 기쁨과 평안 그리고 사랑을 강조함.

하나님의 **지혜**와 **인내** 그리고 **기도**로 이김. 절대로 상대를 sue하는 일이 없음.

에스더 --- 극적으로 구원하시는 하나님의 손길

주요 인물 : 에스더, 아하수에로, 모르드개, 하만, 내시 헤개(2장)와 하닥(4장)

1) 성경 title이 여성 이름(파격적)으로 된 것은 룻기(다윗의 증조할머니)와 에스더뿐이다.
2) 에스더에는 하나님, 믿음, 혹은 출애굽 등이 전혀 언급되질 아니했기에 과연 정경에 포함시킬 것인가에 대한 논란이 계속되었으나, 하나님의 섭리가 가장 진하게 내포된 성경이다.
3) **부림절** 절기가 나온다. 유다가 바벨론에 멸망한 후 예수님 오시기 前까지 유대인 말살 음모가 크게 두 차례 있었는데, 아각 사람 하만의 음모로 발생한 절기가 부림절이다. 결정적인 순간에 하나님께서 자기 민족을 보호해 주심에 감사하는 절기인데 12월 중순(지금의 3월 중순)이다. 다른 절기로는 **수전절**(요 10:22)이 있다. 수전절은 구약 적그리스도인 수리아 안티우쿠스의 말살 정책에 대항하여, 유다 마카비 가문의 반란으로 성전을 재탈환하는데, 하나님 찬양의 촛불을 켜놓았다는 수전절이다. 현재의 12월 말경이다. 3대 절기는 유월, 칠칠, 초막절이다.
4) 바사의 **아하수에로** 왕에 대하여. 아하수에로는 바사의 잔인했으나 유능한 왕이다. 위대한 왕(자)이라는 뜻으로 크세르크세스(1세)가 본명일 것이다. 바사의 왕들은 고레스(사이러스) -> 다리오(다리오스) -> 아하수에로 -> 아닥사스다(느헤미야 때) 순서인 것 같다. 아하수에로 때 인도에서부터 구스까지 점령했으며 수도는 수산(현재 쿠웨이트 북쪽 이란 지역)이다.
5) 포로에서 귀환하라는 칙령은 고레스 때 내려졌으나, 1, 2차 포로 귀환은 아하수에로 때이다.

1. 모르드개의 직업

모르드개는 에스더의 사촌 오빠이며, 원래의 신분은 포로 민족으로 바사 왕궁을 지키는 **평범한 문지기**이다. 그러나 평범한 문지기라 할지라도 충실한 결과 궁의 두 내시가 왕을 모살하려는 반란 사건을 지혜롭게 처리하여 궁중일기에 기록된다. 그러나 아무 대가도 없었다고 **전혀 불평하지 아니한다.** 그는 베냐민 지파이다(베냐민 지파는 사울 왕의 원조 王家).

하나님께서 쓰시는 사람은 지위 고하와 남녀노소, 직업의 빈부귀천이 없다. 보디발의 집에서도 가정 총무에 또한 옥에서 충실했던 **요셉**, 애굽 왕자의 신분을 버리고 미디안 광야에서 양치는 **모세**, 평범하나 오직 충성된 **여호수아**, 평신도 사역자인 많은 **사사**, 목동이었을 때 마음의 완전함, 손의 능숙함으로 양을 돌보았던 **다윗**(시 78:70-72), 밤새 고기를 한 마리도 못 잡던 **베드로**, 믿는 사람을 옥에 가두려고 열심히 다메섹까지 원정 갔던 사울 등 모두가 자기 직업에 최선을 다 했던 사람을 하나님께서 쓰신다. **예수**께서도 최선을 다해 십자가를 지시고 헌신하셨다.

하나님께서는 이와 같이 불평하지 아니하면서 **본업에 최선을 다하는 사람**, 작은 일에 충성을 다하는 사람을 쓰신다. "충성된 사람들에게 부탁하라" 고 한다(딤후 2:2). 그를 높이시니 왕 다음의 권세자가 되었다. 성경 인물의 대부분이 평범한 직업이나 본업에 열심이 있는 자를 쓰신다.

2. 하나님께서 역사하심.

① 내시 헤개(2: 3, 9) 등이 (유대인 노예인 줄 모르고) 에스더를 왕후로 추대하게 함.
② 왕이 밤에 잠이 오지 않자 궁중일기를 읽다가 모르드개의 업적에 포상이 없었음을 알게 됨.
③ 왕이 마침 하만에게 "누가 왕을 기뻐하게 하는가?" 라고 물어봄.
④ 마침 에스더가 때를 포착하여 왕에게 하만의 모든 음모를 호소하니 전세가 역전됨.

3. 아각 사람 하만은 마귀의 사람

아각은 에서의 후손인 아말렉 족속 왕을 칭한다고 보여짐. 사울 왕이 아각 사람을 살려 준 후, "순종이 제사보다 낫다"(삼상 15:22).

마귀의 특성: 하만 앞에 꿇어 절하게 함(3:2), 심히 노하더니(5), 죽이고 도륙하고 진멸하고 탈취하라고 조서를 냄(13). 결국 수산성이 어지럽게 됨(15). 이 세상은 필경 마귀가 세상 임금임.

4. 에스더가 어려움을 이겨나가는 방법

① 순종해야 한다. 에스더는 모르드개가 명하여 고하지 말라는 말에 순종함(2:10). 궁녀를 주관하는 내시 헤개에 순종함(2:15). 사라는 죄 많은 남편을 주께 하듯 순종하니 하나님께서 사라를 보호해 주시고 열국의 어머니로 삼으신다. 룻은 시어머니께 순종하니 다윗의 증조할머니가 된다. 현대 사회에 '순종' 이란 단어는 없어졌으며, 교회에서도 피차 복종함이 점점 사라지고 있다. 피차 순종해야 한다. 先生이나 부모는 이미 학생이나 자녀를 경험했다. 자녀는 부모에게 순종해야 한다.

② 각자 금식기도함. 에스더에는 금식이 특히 많이 나온다. 유대인을 진멸하려는 하만의 음모를 들은 모르드개는 금식기도를 하게 되며, 무수한 유다인이 애통하며 금식함(4:3). 에스더의 내시 하닥에게 하만의 유대인 박멸 음모를 에스더에게 고해 달라고 부탁함. 에스더가 듣고 금식 후, 왕에게 나가길 "죽으면 죽으리라 함"(4:16; 사 58:6; 단 9:3; 스 8:21).

③ 모든 것을 행함의 믿음으로 죽으면 죽으리라는 믿음으로 죽음을 초월함.

믿음의 네 가지 ~ 1) 구원받는 은혜의 믿음. 이는 예수께서 대신 죽으시고 대신 부활하셨기에 마음으로 믿고 입으로 시인하면 은혜로 거저 공짜로 주어지는 믿음이다.

2) 성장하는 일반적 믿음 ~ 경건의 덕을 쌓으므로 날마다 새롭게 성화되는 대부분의 믿음이다.

3) 은사적으로 나타나는 믿음 ~ 성령께서 어떤 시기에 하나님의 특수 상황에 특정인에게 특정한 은사를 주셔서 사역하게 하는 믿음. 예) 이 산더러 저 바다에……. 성전 미문의 앉은뱅이에게 내게 은이나 금은 없어도 내게 있는 것을 네게 주노니 곧 나사렛 예수의 이름으로…….

4) 행함의 믿음 ~ 믿음 중 가장 으뜸은 말과 행함이 일치하는 믿음이다. 행함의 믿음은 야고보서 2장에 아브라함이 사랑하는 아들 이삭을 번제로 드리려 하는 믿음과 기생 라합이 두 사자를 접대하여 준 것을 행함의 믿음이라 한다. 행함의 믿음은 '죽음을 초월한 믿음' 이어서 마귀도 행함의 믿음 앞에서는 어찌할 수가 없다.

에스더가 왕이 부르지 않았는데도 어전에 나가는 것과 자신이 유대인이라는 것을 밝히면 폐위될지도 모르는 상황에서 '죽으면 죽으리라' 는 행함의 믿음으로 전세가 역전이 된다.

5. 예표로 유다와 유대인은 진멸되지 아니함

역사적으로 지구상에 어떤 나라나 민족도 영원하지는 못하다. 몽고의 칭기즈칸, 진시황, 로마 제국, 해가 지지 않는 대영 제국

다른 제국이나 민족은 다 망해도 유다와 유대인은 결코 망하질 못함. 예를 들면 애굽의 바로 왕이 모든 남자아이를 죽이라 명했으나 모세가 태어남, 분봉왕 헤롯이 사내아이들을 진멸하려 했으나 먼저 죽음, 앗수르가 북이스라엘을 멸망시켰으나 유다의 히스기야에 패하여 돌아감, 바벨론의 우상에 절하지 아니한다 하여 사자굴에 들어가도 풀무불에 던져져도, 헬라의 북방 왕국인 수리아의 안티오쿠스도 유대인을 박멸하려 했으나 그가 먼저 죽음, 철의 나라 로마가 유다를 짓밟았으나 기독교를 인정함, 나치가 600만 유대인을 학살했으나 연합군에 의해 항복함.

욥 기 --- 인내의 표준전과

욥기는 '이스라엘 민족' 및 '출애굽' 이라는 대사건이 기록되지 아니한 점, 또한 풍습 등을 미루어 볼 때, 족장 요셉 시대 이후(BC 15세기)에 동방의 의인(義人) 욥이 고난를 어떻게 인내로 극복하는가 하는 성경이다. 욥은 세 친구(엘리바스, 빌닷, 소발)와 우스 땅(1:1) 등을 미루어 볼 때 이방인이라 추측된다. 엘리바스와 데만 사람 빌닷 그리고 소발은 에서의 후손이다(창 36:10-12).

욥은 노아, 다니엘, 욥과 함께 의인으로 표현되어 있다(겔 14:14, 20).

욥은 선지자, 농부와 함께 오래 참음의 model이기도하다(약 5:11).

결론적으로 욥은 ① 우리에게 인내를 교훈하고 있다(고전 13장; 고후 12:12; 약 1:4).
② 예수님의 인내를 예표한다. 주님은 육신으로 오셔서 모든 고난과 환난을 몸소 경험하셨지 결코 피하지 아니하셨다.

욥기 전체 42장을 크게 4부분으로 나눌 수 있다.
서론(1-3장) ~ 욥에게 닥친 시험 및 환난 그리고 고난
본론(4-31장) ~ 세 차례에 걸친 세 친구(엘리바스, 빌닷, 소발)와 욥의 논쟁
절정(32-37장) ~ 엘리후의 해결책 그리고 욥의 돌이킴
결론(38-42장) ~ 하나님의 책망과 욥의 회복

〈서론〉 욥의 재난(1–3장) ~ "이래도 욥이 하나님을 경외할까요?"

사탄이 천상회의에서 하나님으로부터 시험할 권리를 부여받는다.

① 첫 번째 시험(1:13-19) ~ 모든 재난 가축 등 그의 10자녀를 몰살함. 이 모든 일에 욥은 범죄하거나 하나님을 원망하지 아니함(1:20-22). 재산을 잃어도, 자녀가 다 죽어도…….

② 욥의 뼈와 살을 치므로 발바닥에서 정수리(머리)까지 종기가 나게 되어 질그릇 조각으로 몸을 긁으나(2:7, 8), 오직 그의 생명은 해하지 못하게 하심(2:6). 이래도 하나님을 경외할까요?

③ 아내의 저주인 "하나님을 욕하고 죽으라"는 참기 어려운 모든 시험(2:9)을 모두 당한다. 그럼에도 불구하고 스스로의 입장은 한탄하지만 입술로 하나님을 부인하지는 않는다(2:10).

〈본론〉 욥과 세 친구와의 세 차례 논쟁(4–31장)

1. 엘리바스의 첫 번째 공격(4, 5장)과 욥의 대답(6, 7장) ~ 데만은 사해 남부의 교육, 철학의 市 공박 내용 ~ ① 불행에는 그 원인이 있는 인과법칙이 있기 때문이다(4:7-8). ② 네가 어찌 하나님보다 의롭고 성결하냐?(4:17) ③ 하나님으로 받는 징계도 복이 될 수 있으니, 전능자의 징계를 업신여기지 말라(5:17).
   욥의 항변 ~ 고난은 참으로 슬프나, 내가 거룩하신 이의 말씀을 거역하지 아니하였다(6:10). 너희는 너희 벗인 나를 팔겠구나(6:27). 욥은 하나님께 "하나님! 제가 정말 범죄했기에 고난이 왔습니까?" 라고 호소한다(7장).

*** 친구들의 공박은 부분적으로 맞을 수가 있다. 그러나 모두가 옳은 것은 아니다. ***
*** 어려움이나 환난은 피하는 것이 아니고 정면 돌파 믿음으로 극복해 가는 것이다. ***

2. 빌닷의 첫 번째 공격(8장)과 욥의 항변(9, 10장) ~ 수아는 역사와 지식의 원 고장

공박 내용 ~ ① 네가 받는 고난은 네 자녀가 범죄했기 때문이라고 정죄한다(8:4). ② 왕골이 진펄 아닌 데서 자라겠으며, 갈대가 물 없이 자라겠느냐?(11) 즉 아니 땐 굴뚝에 연기 나겠느냐? 욥기 8장 7절의 "네 나중은 심히 창대하리라"는 빌닷이 한 말이므로 항상 옳은 것은 아니다.

욥의 변명 ~ 사람은 유한하나, 하나님은 무한하신 재판자이시다(9:32-33).
"하나님의 뜻이 어디에 있습니까?" 하며 하나님께 호소함(10장).

3. 소발의 첫 번째 공격(11장)과 욥의 대답(12-14장) ~ 나아마는 힘, 재력, 단도직입적, 극단적.

공박 내용 ~ ① 네 도가 그렇게 정결하고, 네가 주의 목전에서 그렇게 깨끗하냐?(11:4)
② 네 어려움은 죄 때문이고, 하나님의 벌하심이 네 죄보다 훨씬 가볍다. 즉, 하나님께서 너를 봐 주신 것이다(11:6) ③ 욥! 너 참 어리석구나!(11:14-20)

욥의 항변 ~ 12장 야! 너희들 참 똑똑하고 아는 것이 많구나! So, do I.
13장 하나님께서 나를 죽이실지라도 나는 그에게 내 행위를 아뢰리라(15).
14장 여인에게서 난 사람의 연약함에 대한 욥의 탄식

4. 엘리바스의 두 번째 화난 공격(15장)과 욥의 호소(16, 17장)

공격 내용 ~ 욥! 네 입술이 간사하며, 너를 정죄한 것은 내가 아니라 네 입술이라(5, 6).
욥! 네가 처음 난 사람이냐? 네가 뭘 안다고 떠드느냐(말대꾸 하느냐)?(7)
네가 그렇게 의롭냐? 여자가 난 자 중에 의로운 자는 없다(14).

욥의 호소 ~ 하나님께서 욥을 찢으셨다는 절망을 호소한다. 그러나 내 손에는 포악이 없고, 나의 기도는 정결하다고 주장한다(16:17). 나는 하나님께 눈물로 호소하오니, 하나님! 하나님과 저 사이에 증인이 되셔서 본인의 무죄를 중재해 주세요(16:20-21). 너무나도 참담함과 절망감에 욥은 하나님께 계속 호소한다(17장). 하나님! 이 친구들이 내 아픈 육신을 갈기갈기 찢습니다.

5. 빌닷의 두 번째 분노의 공박(18장)과 욥의 **구속자 고백**(19:25-27)

분노 내용 ~ 욥! 우리가 이쯤 말했으면 알아들어야 하잖냐? 말이 말 같지 않냐? 개야 짖어라 하는 style이잖아!(18:2-4) 너 계속 그러면 복 못 받아!(18장 하)

욥의 대속자 고백(19:25) ~ 욥기가 쓰여진 최초의 성경책이라면, '대속자'라는 용어가 처음 쓰여진 곳이다. 욥은 환난 가운데 대속자가 살아 계시니(알파와 오메가, 영존, everlasting) 후일에 그가 이 땅에 서실 것이라(25, 예수님께서 말씀이 육신으로 오실 초림의 예언). 이 썩어질 육체 밖에서 하나님을 보리라(26, 부활한 완전한 영체의 몸으로 주님과 얼굴을 마주보는 부활을 예언함). 그를 빨리 만나고 싶다(27, 믿는 자는 주여! 어서 속히 오시옵소서가 되어야 한다). 약 BC 15세기경, 욥은 환난 가운데 주님의 구속의 은총을 바라봤음이 욥기의 key word라 할 수 있다.

*** 대속이란 가장 ① 가까운 친족이 빚진 땅을 ② 대신 지불해 주어서 속박으로부터 ③ 자유를 회복시켜 주는 것이다. 이 사상은 룻기에 잘 나타나 있다(보아스가 대속자를 예표함).

예수께서 자신의 죽음이 많은 사람의 대속물이 될 것임을 말씀하셨고, 실제로 아담이 범죄하여 이 세상 권세를 마귀에 빼앗겼으나, 육신으로 오셔서(육신으로 오시지 아니했으면 대속의 은총이 없다) 이를 담당하시고 다 이루심으로 부활하셨으니, 그 예수만이 영원한 대속자이시다. ***

6. 소발의 두 번째 단정적 공격(20장)과 욥의 변론(21장)
공격 내용 ~ 소발은 잔인하게도 욥을 악인으로 단정하여 공격한다(20장).
항변 내용 ~ 욥은 그래도 내 잘못은 없으며 받는 고난 때문에 나는 억울하다고 항변한다(21장).

7. 엘리바스의 세 번째 공격(22장)과 욥의 변명(23, 24장)
공격 내용 ~ 환난은 죄와 불경건으로 말미암았으니 욥! 회개하라.
변명 내용 ~ (후세의 하박국 선지와 같이) 하나님! 어디에 계십니까? 하나님 왜 침묵하십니까?

8. 빌닷의 세 번째 공격(25장)과 욥의 결론(26-31장)
세 친구들의 항변은 모두 틀린 것은 아니지만 부분적으로는 신학적, 철학적, 지식적, 이론적, 인위적, 인간적이어서 고통 중에 있는 욥에게 실질적인 도움은 되질 아니한다. 또한 욥에게 모든 불행이 죄로 말미암은 것이라고 정죄한다. 그러나 욥이 듣질 않자 오히려 섭섭하게 생각한다. 욥은 더욱 논쟁을 심화시키며 감정적인 흥분까지 일으킨다. 욥은 하나님께 불평도 하며 세 친구가 말한 것보다 욥의 항변이 분량 면에서 훨씬 더 많다.
세 친구 중 엘리바스가 가장 연장자이며 gentle한 사람으로 보인다. 소발은 가장 직설적이며 공격적이며 극도로 단정적이다. 특히 두 번째 항변부터는 분위기가 더욱 악화된다. 계속 욥은 자신이 무죄이며, 스스로를 의롭다고 생각한다. 그러나 27-31장까지 혼자만의 시간과 회개의 시간을 가진 후, 엘리후라는 조언자를 맞이한다. 해결책이다.
변론 내용(31장) ~ 욥 자신은 계속 무죄이며, 순수하고 깨끗하다고 변론한다.

〈결론〉 엘리후의 조언(32-37장)

엘리후는 욥의 세 친구의 정죄와는 전혀 다른 각도에서 욥에 접근한다. ① 동정적인 차원에서 ~ 욥의 입장을 이해하면서, 네가 당하고 있는 현실은 너의 죄 때문이 아니다. 나도 흙으로 지음을 받아서 결함이 있는 인간이다. 단, 욥아! 네가 하나님보다 옳다고 하는 것은 잘못이다. ② 복음적 차원에서 ~ 하나님 앞에서 자신을 겸손히 낮추고 고난을 통해 삶을 깨끗게 하시는 하나님의 역사에 순종하라고 부드러우면서 포근한 위로로 권면한다. 이는 예수께서 현장에서 간음한 여인에게 "나도 너를 정죄하지 아니하노니……" 와 마찬가지이다.
욥의 각성의 내용은 ① 나의 고난에는 하나님의 섭리가 있다. ② 욥의 고난 중에도 하나님은 침묵하신 것이 아니라, 계속 말씀하셨다. ③ 욥의 고난은 욥으로 하여금 교만하지 못하도록 방지함에 있다. 마치 사도 바울이 자만하지 못하도록 주께서 허락하신 육체에 가시 즉 사탄의 사자와 마찬가지이다(고후 12). ④ 하나님께서는 가장 의로운 방법만 사용하신다 등이다.

'엘리후' 란 이름의 뜻은 "나의 하나님이 바로 그분이시다" 라는 뜻이다. 그도 욥의 친한 친구였음에는 분명하지만, 앞의 세 친구보다는 젊은 것 같다. 그래서 엘리후는 경험은 없으나, 전능자의 기운(영)으로 총명(지혜)하여 조언함에 부드럽고 지혜롭다.

복음에는 고통이 수반될 수도 있다. 고통은 하나님의 은혜가 될 수도 있다. 고통은 교만을 예방하는 중요한 영적 과정이다. 남 유다 왕국의 왕들은 초기에는 하나님을 잘 섬겼으나, 편해지니 교만하여 하나님 말씀을 멀리함으로 유다 왕국이 멸망하게 되었다.

반면에, 하나님의 은사 체험을 많이 했던 사도 바울이 셋째 하늘에서 주님과 마주한 자리에서 몸에 있는 육체의 가시 곧 사탄의 사자를 없애달라고 大 사도 바울이 세 번씩이나 주님께 간절히 간구했으나 주께서 "내 은혜가 네게 족하도다" 만약 가시를 없애주면 바울이 자만할 우려가 있기에 가시가 있는 것이 더 유익하다는 말씀이다(고후 12:1-12).

형제들아! 너희가 여러 가지 시험을 당하거든 온전히 기쁘게 여기라. 이는 너희 믿음의 시련이 인내를 만들어 내는 줄 너희가 앎이라. 인내를 온전히 이루라. 이는 너희로 온전하고 구비하여 조금도 부족함이 없게 하려 함이라(약 1:2-4).

욥의 회복(38-42장)

하나님께서는 욥기를 통해 하나님과의 관계를 올바로 정립할 것을 교훈하신다.

1) 하나님은 우리의 아버지이시다. 그러나 하나님은 우리의 변론의 대상이 아니시다(욥 40:1-2). 하나님은 우리의 가장 필요한 것을 주시는 분이시다. 칼이 필요 없는데 우리가 계속 칼을 요구할 때 하나님은 칼로 일단 불이익을 가하셔서 교훈하시기도 한다.
2) 하나님은 이론적으로 멀리 계시는 분이 아니시고, 욥이 환난 중에도 욥에게 말씀하시고 환난 중에도 실천적으로 욥과 함께하셨다.
3) 하나님은 놀부의 하나님이 아니시다. 먼저 화를 주시고 싸매신 후, 나를 믿으라는 식의 하나님이 아니고, 온전한 욥의 교만을 미리 예방하시고 환난을 통과하게 하신 후, 축복하신다.
4) 하나님은 율법적 정죄의 하나님이 아니시니 욥의 세 친구의 정죄는 잘못되었음을 지적하신다.
5) 무엇보다도 하나님은 우리에게 모든 참음의 인내를 요구하신다.
6) 하나님의 모순점을 지적할 수는 없다. 예를 들어, 왜 하나님께서 마귀를 만드셨나? 가인이 아우 아벨을 죽이는 것을 아셨으면서 왜 방관하셨을까?
7) 너희가 성경도 하나님의 능력도 알지 못하는 고로 오해하였도다(마 22:29).

마침내 욥이 하나님을 눈으로 만나서(42:5), 직접 뵙고 하나님과의 관계를 정립한다.

마침내 욥은 자기의 모든 것은 하나님의 주권하에 있다는 것을 깨닫자 자녀의 축복을 제외하고 재산 증가에 완전히 곱절의 축복을 받는다.

우리 모두는 인생의 깊은 터널을 통과할 때가 종종 있다. 이때 우리는 욥의 인내를 배워야 함은 물론이다. 야고보서 5장에는 인내해야 할 사람들로 농부, 선지자, 욥 등이 있으며, 예수께서도 욥의 인내를 기억하라고 하신다. 특히 우리에게는 모든 것을 속전속결 '빨리빨리' 하다 보니 그르칠 때가 종종 있다.

전도서 --- 하나님 없는 인생의 헛됨

다윗의 아들 이스라엘의 왕 솔로몬이 썼을 것이라 여겨진다. 아마도 그가 타락한 후 인생의 단맛, 쓴맛을 다 맛보고 썼으리라 생각되며, **하나님 없는 인생의 헛됨**이 주제이다. 아마도 솔로몬이 청년기에는 아가를, 중년기에는 잠언을, 노년기에는 전도서를 쓴 것으로 추측된다. 솔로몬 자신이 하나님을 떠난 것이 얼마나 어리석은지, 얼마나 육신의 정욕으로 살았는지, 또한 우상숭배로 타락했는지를 보여주는 인생의 헛됨과 **해 아래 모든 것이 헛됨**을 결론 내린다.

결국 그리스도만이 궁극적인 만족, 기쁨, 지혜를 주신다. 오직 하나님만 경외하는 삶이 참되다. 인생의 참된 의미는 '해 아래' 있는 것이 아니라, 해 위에 계신 '한 목자' (12:11, one Shepherd)를 통해야만 가능하다. 인생이 헛되다고 인생 허무주의는 아니다.

전도서에 '해 아래' 라는 용어가 29번 나온다. (참고로 요한복음에 '진실로 진실로' 가 24번 나옴)

1장: 모든 수고가 무엇이 유익한고(3), 새 것이 없나니(9), 모든 헛된 것을 잡았구나(14).

2장: 모든 수고가 다 무익한 것이다(11). 하는 모든 일이 괴로움이다(17). 모든 수고를 미워하였나니(18), 내 모든 지혜도 헛되도다(19). 모든 수고와 애씀의 소득이 무엇이냐(22).

3장: 재판하는 곳이나 정의를 행하는 곳에도 악이 있도다(16).

4장: 눈물 흘리는 자에게 위로자가 없도다(1). 악한 일을 보지 못한 자가 더욱 낫다(3). 헛된 것을 보았도다(7). 모든 인생은 바람을 잡는 것 같다(15-16).

5장: 소유주가 재물을 해 되도록 지키는 것이다(13). 하나님이 주신 것을 먹고 마셔야 한다(18).

6장: 하나님의 축복을 누릴 줄 모르는 경우(1) 모든 날은 그림자 같다(12).

8장: 사람이 사람을 주장하여 해롭게 하는 때가 있다(9). 하나님이 주시는 삶에는 항상 기쁨과 희락이 있다(15). 하나님께서 하시는 일을 사람이 능히 깨달을 수 없다(17).

9장: 모든 일 중 악한 것이 일반이다(3). 모든 일에 돌아갈 몫(share)은 영원히 없느니라(6). 이 세상 사는 동안 가정에 충실하고, 즐겁게 살라(9). 세상 지식이 낫다고 더 나은 생을 하는 것은 아니다(11).

10장: 지혜자의 말은 은혜롭다(12).

결론 : 인생을 어떻게 살아야 할까?(11–12장) —— 한 목자(12:11)

한 목자라 함은 물론 메시야이다. 한 왕, 한 가지, 한 싹, 한 우두머리 등과 같은 개념이다.

① 남에게 베푸는 삶을 살라(11:1-6). ~ 현재에 있는 것에만 만족하지 말고 현재에 있는 것을 칠팔 명에게 주듯 물에 던져라. 그리하면 내일 큰 보상이 있으리라. 즉 남에게 주는 것이 남는다.

② 세상에 대해서 최상의 진실한 삶을 살라(11:7-12:8). ~ 주님께서도 목수의 일에, 병 고치는 일에, 복음 전하시는 일에, 십자가 지시는 일에 최상의 진실된 삶을 사셨다.

③ 하나님께 대해 말씀을 지키는 삶을 살라(12:9-14). ~ 하나님께 대한 우리는 믿음으로 말씀을 지키고 행하는 것이다. 하나님을 사랑한다고 말로만 하지 말고 하나님의 말씀을 행하는 자가 하나님을 진실로 사랑하는 자이다. 육신의 정욕, 안목의 정욕, 이생의 자랑에서 이겨야 한다.

이사야 --- 복음의 선지자

1. 이사야는 누구인가?

이사야란 이름은 "여호와는 구원이시다"라는 뜻으로 여호수아, 호세아, 예수와 같은 의미이다. '구원' 이라는 단어는 선지서에 33회 나오는데, 그중 이사야서에만 26회 언급하고 있으므로, 이사야를 복음의 선지자라 부를 수 있다. 또한 이사야서에는 심판, 정죄에 대한 부분이 3분의 2, 그리고 회복에 관한 부분이 3분의 1을 차지하므로, 이상적 복음의 선지자라 볼 수 있다. 아버지는 Amoz로서, 일설에 의하면 아마샤 왕의 형제라고 하니, 그렇다면 이사야는 웃시야 왕의 사촌이다.

2. 복음의 특징

구약 성경에 예수 그리스도의 초림에 대해서 300번 이상 언급되어 있는데, 그 중 많은 부분이 이사야서에 나오며, 예수님의 재림에 관해서도 상당 분량을 점하고 있으니, 그의 영적 영역이 얼마나 폭이 넓고 심오했는지를 알 수 있다.

특히 700년 후에 나타나실 예수를 처녀가 잉태하여 그 이름을 임마누엘(7:14), 그의 이름을 Wonderful(기묘자), Counselor(모사), Mighty God(전능하신 하나님), Everlasting Father (영존하시는 아버지), Prince of Peace(평강의 왕)(9:6) 등으로 기록했다는 점과 53장의 십자가형을 '미래과거형' 의 시제로 기록한 점은 우리의 상상을 뛰어넘는다.

이사야는 남 유다의 왕족 출신으로 보인다. 1~39장은 메시야를 왕으로, 40~66장은 메시야를 고난 받는 종으로 강조했다. 그래서 유대인들이 이사야서와 스가랴 등을 통해 초림하신 예수가 그리스도라는 것을 알았다고 한다.

정죄한 나라는 바벨론, 앗수르, 블레셋, 모압, 다메섹, 구스 에디오피아, 애굽, 에돔, 아라비아, 두로 등 유다를 포함해서 총 11개국이다. 궁극적으로 유다만 회복이 되었다.

역사적으로는 앗수르가 북 이스라엘을 멸망시킨 점과 유다를 침략했으나 유다가 이긴 점, 그리고 히스기야가 승전고를 바벨론 사신에게 자랑한 점 등을 기록하고 있다. 그러나 바벨론이 유다를 멸망시키어, 모든 보물을 바벨론에 빼앗길 것과 왕 및 백성들이 포로로 될 것 등을 구체적으로 예언하고 있다.

그럼에도 불구하고 하나님의 은혜로 바사 고레스(44:28, 45:1 이사야와는 150년 후) 왕의 칙령으로 포로 귀환이 있을 것을 예언하고 있다. 이사야의 예언은 한 치의 오차도 없었다.

3. 이사야의 시대적 배경

이사야는 약 BC 700년경, 약 60년 동안 사역한 것으로 보인다. 즉 이때는 북 이스라엘이 거의 멸망할 즈음이며, 남 유다에는 웃시야 왕 말기부터 요담, 아하스, 그리고 선한 히스기야까지이다. 당시 바벨론은 미약한 소왕국이었으며, 유다가 앗수르를 격퇴시켰다는 것은 바벨론의 부러움도 받았을 것이다. 그러니 남 유다가 바벨론에 멸망된다는 것을 누가 믿었겠는가? 이사야의 내일을 바라보는 시야는 정말 탁월하다.

● 이사야 사역 당시 주요 왕들 및 이방 정세

이사야는 아모스(Amoz)의 아들이며, 두 아들의 이름은 스알야숩(7:3, 남은 자가 돌아올 것)과 마헬살랄하스바스(8:3, 약탈은 빠르고 먹이는 서두른다)이다.

1. 10대 **웃시야** 왕이 죽던 해에 이사야가 하나님의 부르심을 받았다(6:1). 아주 경건하여 축복을 많이 받았으나, 후에 교만하여 성전에서 분향을 직접 하려다 나병에 걸려 '별궁' 에서 죽었다.

2. 11대 **요담** ~ 부친 웃시야를 본받아 하나님께 정직히 행하여 크게 번영했으나, 백성의 탐욕과 우상을 완전 타파하지는 못했다(왕하 15장; 대하 27장). 초기에는 북 이스라엘, 아람과 함께 反앗수르 정책이었으나, 말년에는 親앗수르로 바뀐 것 같다.

3. 12대 **아하스** ~ 영적으로 악해서 조상 다윗과 같지 않아 유다가 비천한 길로 전락하게 되었다. 이사야 선지자의 경고에도 불구하고 앗수르에 원병을 청하고 조공을 바쳐 앗수르의 팽창에 공을 세웠다. 아람, 북 이스라엘, 에돔, 블레셋 등의 침략과 노략을 많이 당하여 유다는 만신창이였다.

4. 13대 **히스기야** ~ 북이스라엘 멸망 당시의 유다 왕이다. 처절하게 멸망 받는 이스라엘을 봤으니 우울증에 걸렸을지도 모른다. 앗수르의 산헤립에게 조공을 드렸으며, 많은 열국이 유다를 멸망시키려 했다. 가장 힘든 때의 왕이었다. 이사야, 미가 등의 선지자 말을 경청하였으므로 국난을 타개하여 앗수르 군이 물러가고, 히스기야가 이유를 모르는 병에 걸렸으나 이때 그가 눈물로 얼굴을 벽에 향하여 기도하여 나음을 받았다. 수차례 어려움 가운데서도 오직 하나님만 바라봤다. 지극히 경건의 도를 쌓았으며, 북 이스라엘이 멸망한 후, 200여 년 만에 이스라엘 백성을 예루살렘으로 초청하여 함께 유월절을 지내게 했다.

5. 14대 **므낫세** ~ 일설에 의하면, 이사야는 악한 왕 므낫세에 의해 톱으로 순교 당했다고 한다. 히스기야의 아들이나 신앙은 극히 악하여 유다의 멸망의 길을 열어 놓은 왕이라 한다. 약 43명의 왕들 중에 55년을 즉위했으니, 최장수 왕이다.

사르곤 ~ 산헤립의 부친인 앗수르 왕이다(BC 721-705). 당시에는 바벨론과 전쟁이 잦았으나 주로 바벨론 등 주변 국가들을 통치했다. 북 이스라엘의 사마리아를 함락시킨 왕이다(BC 722년, 왕하 17:7). 사르곤은 후에 전사했으며, 그 뒤를 이어 아들 산헤립이 즉위했다.

산헤립 ~ 사르곤의 아들인 앗수르 왕이다(BC 705-681). 당시 남 유다는 히스기야 왕 때이다. 산헤립은 주변 국가와 히스기야도 조공을 드리니(왕하 18:14-16), 남 유다의 예루살렘만 남겨 놓고 모두 점령하였다. 돌연 여호와의 사자가 포위한 앗수르 군 185,000명을 치니 모두 송장이 됐다(왕하 19:35). 산헤립이 도망하여 그의 신을 섬길 때 아들들이 그를 죽였다(왕하 19:37).

이사야의 복음적 중요 예언 내용들

예수 그리스도와 마귀의 싸움(복음 vs 세상, 신자 vs 불신자, 이스라엘 vs 이방 나라)

1. 하나님의 이름에 관하여

① 보라 처녀(**동정녀**)가 잉태하여 아들을 낳을 것이요, 그 이름을 **임마누엘**이라 하리라(7:14).

처녀 탄생~모든 자손은 남자의 씨. 남자의 씨는 무조건 죄인의 씨. 오직 여자의 후손은 한 분. **The** Seed of the woman(창 3:15). 동정녀 탄생은 죄가 없는 상태. 거룩한 성령의 잉태.

기독교 교리의 가장 근본적이고 돌이킬 수 없는 유일하신 하나님의 역사.

임마누엘 ~ 하나님이 함께 계신다(마 1:23). 보혜사(요 14:16, 26), 친구(요 15:15), 동역자

(참고) 하나님은 누구신가? ~ 이름이 아니고 어떤 분이신가? 출애굽 설명 교안을 참고

형상(image) ~ 하나님의 형상, 자기의 형상(남자, 아담 즉 죄인), 우상의 형상

권세 ~ 하나님의 자녀의 권세, 사망 권세, 혀의 권세

② 그 아들을 ~이라 할 것이라(9:6).: WCMEP. 동사 시제는 미래 결과형

기묘자(Wonderful) ~ 예수의 교훈, 지혜, 가르침, 기적을 행하심에 놀라다. 기이히 여기다. 비상식적 구원의 방법에 놀라다. Marvel과 같은 말로서, 이방인이 예수께 간절히 매달린 점과 유대인이 예수를 믿지 아니한 점을 기이히 여기심. Wonderful은 형용사인데 명사로 사용됨. 여호와의 사자가 삼손의 아버지에게 "내 이름은 기묘자니라"(삿 13:18)라고 답함. 삼손의 일생은 기묘함의 연속임. 삼손은 태어날 때 기묘하게 태어남. 수수께끼를 냄, 나귀 턱뼈로 블레셋 천 명을 죽임, 기둥에 묶여 죽을 때에 같이 죽은 자가 평소에 죽인 자보다 훨씬 많음.

모사(Counselor) ~ 상담자로 이해된다. 가르치시고, 생각나게 하시며, 위로해 주신다. 나의 친구라(요 15:14, 15), 또 다른(Alos Parakletos = same) 보혜사(요 14:16, 26) 너희에게 보낼 보혜사(요 15:26) "I shall send to you"라고 십자가에 죽으시기 전날 밤 미래형을 쓰심.

전능하신 하나님(Mighty God) ~ 피조물이 아닌 창조주

영존하시는 아버지(Everlasting Father) ~ '아버지'는 우리와 가장 가까운 용어로서, 산상수훈과 성령론(요 14-16장)에 많이 나온다. 요 17장에만 '아버지'라는 말이 약 38회 나온다.

평강의 왕(Prince of Peace) ~ 평강, 평안, 평화를 주장하시는 분.

이름 중 모사, 영존하시는 하나님, 평강의 왕은 성령론에 많이 나온다.

2. **이새의 줄기(뿌리)**에서 한 싹이 나며, 그 뿌리에서 한 가지(BRANCH, 나사렛)가 나서 결실할 것이요(11:1, 10). 메시야는 다윗의 가문에서 태어나시나, 다윗의 영화 대신 '이새'의 신분처럼 평범하고 미천한 종의 형상으로 태어난다는 것을 의미한다.

이스라엘 백성들은 '싹' 하면 아론의 싹 난 지팡이를 연상한다. 싹이란 거의 생명이 없는 곳에서 생명이 있는 심령 부흥의 역사를 말할 수 있는데, 즉 다윗, 히스기야, 요시야, 에스라, 사도행전의 (인간적으로는 도저히 상상하기 어려운) 성령 역사 등을 들 수 있다.

3. **마귀의 원죄**에 관하여(14:12-15; 겔 28:13-17; 유 1:6 참조)
인간의 원죄가 불순종이라면, 사탄 마귀의 원죄는 하나님과 동등하게 되려 하는 것이다.
1) 온 우주 만물의 前 ~ 눈에 보이는 우주가 있기 前, 3위 1체 하나님께서 계셨음(요 1:1).
2) 복 주시되, 곧 창세 전에 그리스도 안에서 **택하사 거룩하고 흠이 없게** ~ (엡 1:3-4) 구속의 역사이며 동사는 과거형임. 창세 전에 하나님이 계셨고, 자녀로 만드시기 위해 하나님의 형상대로 인간을 창조하시되 흠을 없애 주시려는 **하나님(말씀)과 구속의 경륜**이 있었음.
3) 사람은 흠이 있게 되어 있음. 그래서 세 천사장 및 수많은 천사를 창조하신 것으로 보여짐. 미가엘, 가브리엘, 루시엘(후에 루시퍼로 됐으리라 추측함) 등 세 천사장으로 추측됨. 천사는 영적 존재이므로 한번 타락하면 다시는 회개가 없는 무서워하는 종의 영이다(롬 8:15). 반면에 사람은 육신의 연약함이 있으나 육은 무익하므로 회개할 수 있기에 양자의 영을 받음.
4) 지구 및 온 우주를 창조하심(창 1:1). 요 1:1과 창 1:1의 태초(In the beginning)는 서로 다름. 창 1:1의 태초는 우리가 육안으로 볼 수 있는 물질의 세계이나, 요한 1:1의 태초는 영적 세계의 태초이다. 따라서 요 1:1의 태초가 있은 후 상당 기간이 지난 후, 창 1:1이 있게 됨.
5) 천사 타락(사 14; 겔 28; 유 1:6) ~ 위치를 벗어나면서 교만 불의가 드러나며 약 3분의 1의 다른 천사들과 함께 이 땅으로 쫓겨나면서(눅 10:18) 이름이 Lucifer(계명성)로 바뀐 것 같음.
'떨어진' 은 가짜라는 뜻. '계명성' 은 새벽에 남은 샛별로서 동떨어진(타락한) 별.
사탄도 광명한 천사로 가장함(고후 11:14). 우는 사자의 뜻은 참소자, 고발자.
사탄은 ① 하늘에서 떨어진 잠시 후 없어질 새벽 별.
② 하나님과 비겨서 불의가 드러난 자.
③ 최후는 가증한 나뭇가지 및 시체들 사이에서 처박혀 죽게 됨(19).
이사야 14장에는 사탄을 '바벨론' 으로, 에스겔 28장에는 '두로' 로 비유하여 원래는 하나님의 총애를 받았으나 교만하여 피조물이 창조주 하나님과 같아지려는 것이 사탄의 원죄이다.
6) 인간이 에덴에서 타락 ~ 뱀의 유혹으로 불순종(불신). 옛 뱀, 마귀, 사탄, 큰 붉은 용.
7) 여자(처녀)의 후손으로 예수께서 오셔서 죄를 짊어지시고 십자가에서 죽으시고 부활하심. 피의 용서를 받아야만 거룩하고 흠이 없게 됨.
8) 지구를 심판하시려 이 땅에 재림하심. ~ 마귀가 쫓겨난 곳이 이 땅이기에 심판받게 됨.
9) 영원한 새 하늘과 새 땅이 펼쳐짐. ~ 마귀, 사망, 음부가 심판받고 난 후, 새 하늘과 땅.
결국 구원은 "from ~ to ~" 라는 개념이다.

4. **한 돌을 시온에 두고 기초, 즉 시험한 돌**, a sure foundation precious cornerstone(28:16)
시온에 세운 돌이란 예루살렘으로 말씀이 육신으로 오실 그리스도요 그가 기초의 돌이 되신다. 건축할 때, 모퉁잇돌에서 벽돌을 쌓기에 가장 중요함. 늦은 비가 홍수같이 내리지만 기초 돌, 즉 모퉁잇돌은 절대 떠내려가지 않도록 반석 위에 집을 건축한다.

5. **광야에서 외치는 자**가 여호와의 길을 예비하리라(40:3-5). ~ 대로의 광야에서 외치는 자 침례 요한이 예수의 길을 "회개하라 천국이 가까웠다" 고 외치는 것이다. 세례 요한의 사역은 경건한 생활을 했으며, ① 예수께 침례를 주었고, ② 내 뒤에 오시는 예수를 지극히 높였으며, ③ 순교로 생을 마감했으니, 여자가 낳은 자 중 요한보다 더 큰 이는 없다. 그러나 천국에서는…….

6. 하나님의 **말씀은 영영히** 서리라(40:6-8; 벧전 1:23-2). ~ 인간의 육체는 아무것도 아니며, 인간 삶 또한 아침 안개에 불과한 순간적이다. 남자(a man)라는 뜻도 '티끌(dust)' 이라는 뜻이요, 여자(from a man)는 '티끌로부터' 라는 뜻이다. 우리 육신은 토기 그릇에 불과하나, 영영히 있는 그리스도의 보배를 담은 질그릇이므로 절대적 가치가 있다. 말씀이 복음인 그리스도이시라.

7. **구속자**인 만군의 여호와 나는 처음이요 마지막이라(44:6; 계 1:8).
① 구속자란 '기업 무를 자' 라는 뜻이며, '근족' 으로 해석된다. 예수께서 가장 가까운 근족이 되셔서 인류의 젖값을 사셔서 "It is finished" 라고 선포하신다. ② 처음(α, 알파)이요 마지막(Ω, 오메가)이란 하나님께서 스스로 계신 창조주이시며, 심판자이심과 동시에, 예수만이 영원한 장차 오실 하나님이시라는 뜻이다.

8. 나의 기름 받은 **고레스**(44:28, 45:1)에 관하여 ~ 이사야가 예언한 후 150년 후에 이름도 정확한 고레스가 왕이 되어 이스라엘 백성에게 예루살렘으로 돌아갈 것과 여호와 하나님의 전을 재건하라는 칙령을 내린다. 바사 왕 고레스는 이방 왕들 중 하나님의 축복을 가장 많이 받은 왕이다.

9. **십자가**에 관하여(53장) ~ 시제는 미래 과거형 동사. 십자가는 하나님께서 예정하신 가장 위대하고 가장 완벽한 구원 방법이다. 놀랍게 700년 후에 있을 십자가 사건을 과거에 이미 이루어진 것처럼 너무나도 생생하게 예언하고 있다. 고운 모양, 풍채, 아름다움이 전혀 없는 순수한 사람.
간고(3) ~ a man of sorrows 슬픔의 사람　질고(3, 4) ~ 질병, 고민거리
양은 힘은 없으나, 고집이 아주 세다. 그러나 도살장과 털 깎는 자 앞에서는 조용함(7).
그 무덤이 악인과 함께 되었으며(양쪽에 강도와 함께) 묘실이 부자(아리마대 요셉. 다른 유명 관원은 니고데모, 사울 등)와 함께 되었도다(9).　속건제(10) ~ 범죄를 용서받기 위한 제사.
죄악을 친히 담당하리라(11) ~ 대신 마시시고 대신 죽으심.
그가 많은 사람의 죄를 지며, 범죄자를 위하여 기도하였느니라(12).

세상 사람들은 하나님이 오시면 왕으로 오셔야 하는데, 볼품도 없고 흠모할 모양도 전혀 아닌 (극히 낮은 천민) 사람으로 오시어, 극히 낮은 종으로 십자가라는 멸시 천대 모멸의 극형에 죽음을 당하시니 누가 그분을 하나님이라 하겠는가? 어떻게 그런 분을 믿으면 구원 얻는다고 하겠는가?
세상 지혜로는 이해가 도저히 불가능하다. 그러나 순종하심으로 죽은 자 가운데서 일으키신 분은 바로 전능하신 하나님이시다. 따라서 십자가는 순종의 극치이다. 약 700여 년 후에 갈보리 언덕, 십자가 사건을 너무나도 생생히 이사야는 예언하고 있다.

10. 내 집은 **만민이 기도하는 집이라**[(56:7; 마 21:13; 막 11:17; 눅 19:46; (요 2:16- 없음)].
유대인들은 성전에서 엄청난 이익을 챙기는 사업하기에 바빴다. 반면 이방인들은 성전 뜰 밖에서 기도를 했다. 하나님의 집은 사람 만나 사귀고 사업하는 곳이 아니라, 하나님을 만나고 하나님과 교제하고, 하나님께 기도하는 곳임을 분명히 예언한다. 예수께서 두 차례 성전 청소하셨는데 종려주간에 인용하셨다. 예루살렘으로 입성하시어 ① 성전 청소 ② 기도의 집 ③ 날마다 가르치심 ④ 고치심. 이옥고 열매 없는 무화과를 저주하심.

11. 마음이 상한 자를 고치며 포로 된 자에게 **자유**를, 갇힌 자에게 **놓임**을 전파하며(61:1)
예수께서 40일 광야에서 마귀의 시험받으신 후(눅 4:18-19), 나사렛 회당에서 읽으신 말씀이다. 기름 같은 성령을 받으시니 예수를 갈망하는 자에게 복음이 전해지며, 마음에 상처가 있는 자는 기쁨으로 변하며, 슬픈 자에게 위로가 있게 된다.

12. 하늘은 나의 **보좌**요, 땅은 나의 **발판**이니(66:1) ~ 하나님의 크고 위대하심을 인간의 언어로 표현한 극대치이다. 그러나 이 뜻은 외식하는 유대인에게 '내가 이렇게 크고 위대한데 너희가 인간적인 방법으로 내 성전을 만들 수 있느냐?' 라는 질책의 말씀이다. 그러므로 인간에게 가장 중요한 것은 죄인이 하나님을 못난 모습 그대로 만나고, 하나님은 영이시니 하나님께 영과 진리로 예배드리고, 하나님의 십자가 용서의 은혜 가운데 거하는 것이다.

13. 나의 지을 **새 하늘과 새 땅**이 내 앞에 항상 있을 것같이 너희 **자손**과 너희 **이름**이 항상 있으리라(66:22). ~ 다시 지으실 새 하늘과 새 땅을 칭하여 재창조라고 한다. 사실 인간도 마귀 호적에 있었으나, 호적이 하나님의 자녀로 새롭게 입적됐으니 재창조보다 훨씬 고귀한 차원이다. 아울러 우리 이름이 하나님의 생명책에 녹명된 것도 하나님의 특별 은혜이다. 영원히 남는 것은 새 하늘과 새 땅 그리고 하나님 자녀(즉 그들의 이름)이다.

14. **남은 자**에 관하여 ~ 이사야의 남은 자 사상은 심오한 영적 의미가 있다. 남은 자를 '거룩한 씨', '그루터기', '여호와의 종' 혹은 '특별히 하나님을 향하여 신실한 믿음이 있는 자' 등으로 표현하고 있으며 소수이다. 예레미야와 로마서 9장에도 남은 자 사상이 나온다.

15. **메시야**에 관하여 ~ 메시야란 '기름 부음을 받은 자' (삼상 12:3, 5)라는 뜻으로 헬라어로는 '크리스토스' 이며 Charisma적 왕권을 의미하므로, 유대인들에게는 메시야라는 표현에 왕적 개념이 많이 부각된다. 그래서 초림 예수를 배척했던 것이다.
이사야서는 메시야께서 초림하셔서 고난과 죽음의 사실을 선명하게(53:9), 고난의 종의 부활을(53:10), 그 후에는 왕권을 가지고 죽음과 마귀를 멸하시려 재림하신다. 또한 그의 성도를 신천신지로 데려가시는 분이다. 결국 메시야는 하나님께서 육신으로 오셔서 인류의 죄 때문에 고난받으시고, 죽으셔서, 부활하시는 3가지 요소를 갖춘 분이 메시야시이다.

16. 이사야서의 **종말론** ~ 이사야의 종말론은 처녀로 잉태하여 다윗의 혈통으로 말씀이 육신 되어 오실 때를 메시야의 천국이 가까운 **초림 종말**이라 할 수 있다. 그리스도께서 왕권을 가지시고, 재림하실 때가 이 세상이 끝날을 맞이하는 **재림 종말**이라 볼 수 있다.
예수께서 재림하실 때, 창세기 3장 이후의 모든 저주, 슬픔, 죽음, 죄가 없어진다. 불법의 사람들을 정복하실 것이며, 특히 악의 3총사인 거짓 선지자, 짐승(적그리스도), 용(마귀)을 결박한다. 사망과 음부도 불못에 떨어지니, 양과 이리가 함께 뛰놀고 사자가 풀을 먹으며 독사 굴에 손을 넣어도 물리지 아니한다(사 11:6-10). 마귀와 세상을 심판하신 후, 새 하늘과 새 땅이 영원한 나라로 우리 앞에 도래한다.

예 레 미 야 --- 눈물의 선지자

1. 예레미야는 누구인가?

'예레미야' 라는 이름의 뜻은 "여호와가 세우신다, 지적하신다" 라는 뜻이다. 그는 제사장 지파로서 풍전등화(風前燈火)의 유다에게 전혀 가감하지 아니하고 있는 그대로의 복음을 전하다 보니 핍박, 고통으로 생명의 위협을 받았고, 왕의 구미에 맞추기 급급한 거짓 선지자들의 모욕을 받아 진흙 구덩이에도 갇혔다. 그의 전반적 사역은 국가적, 개인적으로 극히 불운한 때이었기에 그를 눈물의 선지자라 부른다.

예레미야는 다른 선지자와 마찬가지로 현실과 타협하지 아니한 목회 주관이 확고한 선지자라 봐야 할 것이다. 아마도 오래 前 소천한 이사야를 원로 목회자로 섬겼다면, 예레미야는 담임 목사이고, 다니엘과 에스겔은 중고등부에서 leaders였을 것이다.

2. 복음의 특징

예레미야서는 최악의 암흑기를 통과한 후에 목자(23:1-4), 그리고 **공의로운 가지**(33:15)의 회복이 있게 된다. 질그릇이 굳어지면 그대로 사용할 수밖에 없으나, 굳어지기 전에 깨어서 다시 사용할 수 있기 때문에 바벨론에 포로로 잡혀야만 한다는 것이다(18, 19장).

1. 유다에 대한 예언(2~45장) ~ 비유, 가르침, 실례 등의 다양한 방법을 사용했다. 12가지 메시지를 선포하면서 유다가 장차 받을 심판을 선포하지만, 그에게 돌아오는 것은 핍박뿐이다.
   유다에 대한 정죄는 영적 우상숭배와 교만이요, 혼적, 육적인 죄는 도덕적 타락과 하나님을 멀리하는 것이다(롬 1장과 동일). 그러므로 유다는 북 이스라엘이 멸망할 때의 상황보다 더 암담했고, 하나님께서 보내신 참 선지자의 외침에 귀를 기울이지도 아니했다.
2. 이방에 대한 정죄(46~51장) ~ 애굽, 블레셋, 모압, 암몬, 에돔, 다메섹, 아라비아, 엘람(이란 남서부에 잠깐 있다가 바벨론에 함락된 극히 작았던 바사), 바벨론 등 9개국에 대한 정죄이다. 오직 애굽, 모압, 암몬만이 회복의 약속을 받는다.
3. 예루살렘의 멸망(52장) ~ 성경에 예루살렘의 멸망을 네 번(왕하 25장, 대하 36장, 렘 39장, 렘 52장)이나 상세히 기록하고 있다. 예루살렘은 멸망받을 수밖에 없으며 지도자들은 죽게 되고 성읍은 불타서 파괴되며 백성들은 바벨론의 포로가 되어 70년 후 귀환할 것이다.

따라서 예레미야의 주제는 해산의 고통(포로)과 출산 후 기쁨(귀환)이다.

3. 시대적 배경

예레미야의 사역 시기는 선한 왕 요시야의 전사(戰死), 여호아하스가 애굽에 포로, 여호야김의 바벨론 1차 포로, 여호야긴의 2차 포로, 시드기야의 3차 포로 등 BC 586년 바벨론의 느부갓네살에 의해 유다 왕국의 멸망까지 모두 경험한 유다 최악의 암흑기에 사역한 선지자이다.

이와 같이 북 이스라엘은 여로보암의 죄(외식), 우상숭배, 물질만능주의로 망한 후, 남 유다마저 교만으로 멸망하는 가장 우왕좌왕했던 시기였다.

● 예레미야의 사역 당시 주요 왕들 및 이방 정세

북 이스라엘은 앗수르에 의해 이미 멸망하고, 앗수르의 쇠퇴기와 바벨론이 제국으로 등장하면서 애굽과의 쟁탈전 및 남 유다 왕국의 멸망을 경험하면서 애굽으로 끌려가 죽은 눈물의 선지자이다. 이사야보다는 약 50-60년 후배이며, 스바냐와 하박국과는 거의 동시대 사역자이다. 죽을 고비도 넘기고, 악성 rumor에도 시달리고, 옥에도 갇히고, 구덩이에도 들어가는 역경에도 처했으며, 결국 애굽에 포로로 끌려가 옥에 갇히어 옥사(獄死)한 것으로 알려지는 눈물의 선지자이다.

1. 16대 **요시야** ~ 아버지 아몬(혹은 암몬)과는 달리 바알 숭배를 과감히 척결했다. 이방 신의 산당과 아세라 목상을 헐고, 산당 제사장들을 죽이고, 그 뼈를 산당에서 불살랐다(왕하 23장). 성전 수리 중 발견한 율법책을 낭독하고 엄격히 순종토록 한 마지막 종교 개혁의 선한 왕이다. 애굽 왕 바로 느고가 앗수르를 도와 바벨론과 전투하러 올라가는 길을 요시야가 저지하다가 므깃도에서 너무나도 뜻밖에 전사당한다. 그의 죽음에 백성들이 애곡했다.

2. 17대 **여호아하스** ~ 父王인 요시야가 애굽과의 므깃도에서 전사하자 여호야김의 아우인 여호아하스가 먼저 악한 왕이 되었다. 아마도 그는 부친이 애굽과의 전쟁에서 사망했으므로 親바벨론적이었던 것 같다. 애굽의 바로 느고가 그를 포로로 잡아가 애굽에서 죽었다(왕하 23:31-35).

3. 18대 **여호야김** ~ 요시야의 아들이며, 17대 여호아하스의 형이다. 애굽의 바로 느고가 여호아하스를 폐위시키고, 형인 엘리아김을 왕으로 세우고, 이름을 여호야김으로 개명했다. 그는 무수한 가증한 일(대하 36:8)을 범했으며 증조부 므낫세 왕의 지은 모든 죄(왕하 24:3-5)를 답습했으며, 선지자 우리야를 죽였고, 예레미야의 두루마리를 불살랐다(렘 36:23). 바벨론에 항거하다가 1차 포로로 끌려갔다.

4. 19대 **여호야긴** ~ 여호야김의 아들이며 여고냐, 여고니야, 고니야 등으로 불리기도 하며, 그는 바벨론 느부갓네살에게 항복하니, 왕과 귀족 그리고 에스겔 및 기술자를 2차 포로로 잡아갔다.

5. 20대 **시드기야** ~ 바벨론에서 여호야긴의 숙부 시드기야(원래 이름은 맛다니야)를 여호야긴에 이어 왕으로 삼았다. 유다의 마지막 왕이며, 요시야의 아들도 되고, 여호아하스의 동생이 된다. 그는 예레미야의 권면에도 불구하고 열방들과 연합하여 바벨론에 대항하다 BC 586년 예루살렘이 멸망하여 도망하다가 여리고 부근에서 잡히고 목전에서 그의 아들들이 죽임을 당하고 그도 두 눈이 뽑혀 사슬에 묶인 채 바벨론 감옥에서 죽었다. 시드기야는 선지자 예레미야를 옥에 가두기도 했고, 죽이도록 고관에게 넘겨주기도 한 아주 악한 왕이다(렘 38장).

애굽과 **바벨론**의 패권 다툼 ~ 예레미야의 최후 예언은 '애굽은 망한다' (렘 44:24-27). 애굽의 호브라 왕과 두로가 연합하여 바벨론에 대항하나, 두로를 점령한 바벨론이 기세를 몰아 애굽을 공격하여 애굽 왕을 사로잡았다. 후에 재차 애굽을 공격하니 애굽의 형편이 말이 아니었다.

● 예레미야의 눈물의 중요 선지활동

1. 슬프도소이다. 나는 **아이라 말할 줄을 알지 못하나이다**(1:6).~ ① 실제로 예레미야가 어리다는 뜻도 됨. ② 말할 자격이 안 된다는 겸손의 뜻도 됨.
하나님의 반응은 ㉠ 너는 아이가 아니고, 내가 하라는 대로만 말하면 된다(7). ㉡ 두려워 말라. 내가 너를 구원(인도)하리라(8). ㉢ 내가 내 말을 네 입에 주었느니라(9). ㉣ 내가 너를 통하여 심고 거두리라(10).

2. **살구나무 가지 환상**(1:11-12) ~ 예레미야의 고향에는 살구나무가 많다고 한다. 살구나무는 광야에서 이른 봄에 가장 먼저 싹을 트는 나무이며, 성전 등대도 살구나무 모양이다. 심한 바람과 추위(멸망)를 견딘 후 성령의 횃불로서 완전히 새로운 시대, 즉 강한 말씀의 역사와 바람과 같은 성령의 은사가 온다는 것을 의미한다.

3. **끓는 가마**가 북에서부터 기울어진 환상(1:13-19) ~ 끓는 가마는 살육과 불에 끓는 멸망 또는 파괴를 말하며, 북은 바벨론을 말한다. 끓는 가마의 화를 피하려면 ① 하나님의 기도 동산으로 도망하는 길과 ② 끓는 가마를 성령의 바람으로 식히는 방법 혹은 ③ 기울어지지 않도록 올바른 신앙으로 돌아오는 길밖에 없다.
4. 슬프도소이다. 주께서 이 **백성을 크게 속이셨나이다. 칼이 생명에 이르렀나이다**(4:10). ~ 예레미야는 유다 백성을 이 지경까지 놔두신 것에 대해 속이셨다고 불평한다. 그러나 지배계층인 거짓 선지자를 통해 '너희에게 평안이 있고 멸망은 없다' 고 가르쳤으나, 그들이 너희에게 회개를 촉구한 것도 아니요, 멸망이 없다고 잘못 가르친 것이지 하나님께서 속이신 적이 없다. 지금도 "회개하라" "부르짖으라" 하면 '이단 삼단' 하는 무리의 거짓에 속지 말아야 한다.

5. 내 마음 속이 슬프고 아프다. **나팔 소리와 전쟁의 경보**를 들음이라(4:19).~예루살렘은 말씀을 거부했고 회개하기보다는 오히려 거짓 선지자들의 달콤하고 부패한 교리에 따라갔기에…….
6. 슬퍼하며 통곡할지어다. **멸망시킬 자**가 갑자기 우리에게 올 것이라(6:26). ~ '바벨론' 하면 공포의 대상이요 두렵고 떨리는 존재인데, 지금까지도 예루살렘이 멸망하지 아니했으니 염려하지 말라고 하지만 바벨론의 공격은 갑자기 나타난다. 그러니 인간적으로 밭에 나가지 말고 오직…….
7. 예루살렘아 **벗은 산** 위에서 호곡할지어다(7:29). ~ 나무가 없이 흙이 드러난 벌거숭이 산 위에서 머리를 자르므로 극한 슬픔을 드러내라.

8. 슬프다. **나의 중심이 근심하도다**(8:18). ~ 이스라엘 백성이 죄임을 알고도 죄를 범했으니, 심령이 곤고한 상태임. 오호라 나는 곤고한 자로다 이 사망의 몸에서 누가 나를 건질까?(롬 7:24) 사망아 사망아! 네가 쏘는 곳이 어디냐? 위로 받을 길은 오직 예수 그리스도 안에 있는 생명의 성령의 법이 죄와 사망의 법에서 너를 해방하였음이라(롬 8:2).

9. **딸 내 백성이 상하였으므로**, 나도 상하여 슬퍼하며 놀라움에 잡혔도다(8:21). ~ 유다 백성은 하나님 앞에서 딸과 같이 곱게 어려움도 없이 온실에서 자란 사랑만 받았던 자들이다. 길르앗의 유향은 만병통치약인 예수 그리스도께서 계시는데, 왜 의사인 예수(성령)께 나아오지 아니하는가?

10. 내 백성을 위하여 **주야로 울리로다**(9:1). ~ 예루살렘의 멸망을 예언적으로 보고 울고 싶어도 눈물조차 고갈된 상태이며, 운다면 유대인들이 도망갈 것이다. 오히려 내가 광야에서 혼자 울 곳을 찾는 것이 낫다는 심정이다. 주야로 국가와 민족을 위해 우는 자가 진실로 신실한 자라고 봐야 한다. 편안하고 안락하게 허례허식하는 것이 아니다.
11. **산들을 위하여** 곡하며 부르짖으며(9:10-11) ~ 산에 나무는 불타서 잡초마저도 없으며, 닭이나 송아지 등 가축의 울음소리도 사라졌고, 새나 짐승도 먹을 것이 없어 자취를 감추었고, 옛 가옥은 승냥이(들개) 거하는 곳으로 변했다. 화려한 시온 성의 자취는 없어지고 자연적 황폐의 상태이다.
12. 시온에서 호곡하는 소리가 우리가 **아주 망하였구나. 슬픈 노래를 가르치라**(9:19-20). 여기에도 동사 시제가 이미 이루어졌던 것처럼의 과거형이다. 망가진 성읍, 마을, 가옥 등을 보면서 한탄해봐야 무슨 소용이 있는가? 문제는 정신 상태요, 신앙 상태이며, 사랑하는 딸들에게 울 때는 심히 통곡하는 슬픈 노래를 가르치라. 사람들에게도 애가('예레미야 애가'는 예루살렘이 멸망했을 때 애가를 지었으므로 이 애가는 아닌 듯하다)를 바르게 가르치라.

13. 슬프다 내 **상처**여 내가 **중상**을 당하였고 나의 **고난**이며 내가 **참아야** 하리라(10:19). 예루살렘이 상처를 입었으나 그것도 중상이요, 살생이요, 노예이다. 남아 있는 사람은 죽기 바로 일보 직전의 어려운 상태이다. 이것은 고난이요 고난을 피할 길은 없다. 위기이다. 危機에는 기회(chance)가 따라온다. 위기가 기회로 되려면 감사하며 어려움을 참는 길밖에 없다(고전 13장 사랑은 인내이다, 고후 12:12 사도의 표는 모든 참음, 약 1:12 참는 자는 복이 있다.).

14. 너희 **교만**으로 인하여 은밀히 곡할 것이며, **사로잡힘**으로 인하여 눈물로 통곡하리라(13:17). 유다의 회개를 마지막으로 권고하시는 하나님의 간절한 뜻이다. 그들은 목이 곧아 하나님의 말씀을 듣지 않는 교만으로 망했고, 갈대아 우르에서 자유민의 신분으로 아브라함을 calling 하셨는데, 약 1500년 후 포로로 사로잡혀서 갈대아로 돌아가니 눈물의 통곡뿐이다.
15. 칼과 기근이 없다고 하는 **그들을(거짓 선지자) 멸하시므로** 내가 슬프도소이다(14:13-18). 거짓 선지자들의 거짓 가르침에 대해 귀를 기울이고 있는 백성들에게 예레미야가 통분하는 구절이다. 거짓 선지자들은 예레미야를 대적했고, 하나님 말씀을 왜곡하여 자신들의 세력을 보호하기 위해 백성들을 속이고 있다. 거짓 선지자들은 하나님의 심판 도구인 "칼(이방 군대)의 침략은 없다. 또 기근도 없다"라고 속인다.
이에 예레미야는 그들에게 속지 마라. 우리가 당하는 칼과 기근은 곧 다가올 것이며, 이는 영적 기근에 기인한 것이다. 예레미야는 계속 하나님의 이름과 언약(21), 전능하심을(22) 믿고 기도하라고 하니 핍박받는 것은 너무나도 당연하다.
하나님께서 유다 민족을 '내 사랑하는 딸 처녀'라고 하신다. 원래는 무척 보잘것없고 더러웠으나 그들을 귀엽고 정결하게 해 주셨는데 계속 도망 간 결과 더럽혀진 딸, 순결이 없어진 딸로 되었다.
우상을 만드는 business에 성공한 아브라함을 부르셨고, 목동 일을 하던 다윗을 부르셨다. 어부인 베드로를 부르셨다. 베들레헴의 마구간에 태어나신 아이에 하나님은 아들이라 부르셨다. 그러나 하나님은 그들에게 하나님 사역을 맡기셨다. 사랑하는 딸로, 이스라엘 왕으로, 사람 낚는 어부로, 만왕의 왕 만주의 주로 하나님께서 은혜 주셨는데……지금은 어디 있는가! 무엇 하는가!

16. **토기장이 비유**(18:1-12)~ 토기장이는 하나님이요, 토기 진흙은 하나님 백성이다. 토기장이가 토기를 만드는데 이 토기가 부서진다. 부서진 토기는 거짓 믿음이요, 거짓 선지자들이다. 그러나 하나님은 포기하지 아니하시고 깨서 다시 진흙을 빚어 새롭게 토기를 만드신다. 새 진흙은 하나님 손에 있다(6). 새 그릇이 되려면 ① 악한 길에서 돌이켜야 하며 길과 행위를 선하게 해야 한다(11). ② 헛된 말에 속지 말아야 한다(12). ③ 악으로 선을 갚지 아니한다(20). 악에게 지지 말고 선으로 악을 이기라(롬 12:21). 이는 하나님께서는 인류의 죄악을 말씀의 강력한 의로 심판하시고, 병든 자 및 연약한 자를 신령한 사랑의 말씀으로 치유하신다는 뜻이다. 즉 하나님의 양면성은 정의와 사랑이다.
17. **옹기를 깨뜨리는 비유**(19장) ~ 옹기(clay jar)는 붉은 진흙을 구워 오짓물을 다시 입혀 구운 병으로 사람 혹은 교회를 상징한다. 하나님의 가르침에 등돌리고, 세속의 **자본 만능**의 **재물**과 권세를 추구한 교회가 이방인의 칼에 무너질 것이다. 예루살렘은 놀람과 모욕거리가 될 것이다. 서로 잡아 죽이는 무서운 운명에 처할 것이다(9). 교회의 **선과 진리 등 성결은 없어지고** 교회 안에서 서로 대적하여 상대를 넘어뜨리려 할 것이다. 오지병은 깨어질 것이다. 이 깨어진 오지병(사람, 교회, 예루살렘)은 힌놈의 아들의 골짜기(2)에 버려서 도벳(14)에서 불살라버릴 것이다. 이 골짜기와 도벳은 같은 장소로 추정되며, 그곳에서 자식을 신에게 드리는 악한 이방 종교의 발상지이기도 한 것 같다.
    딱딱하게 굳어 단단해진 옹기를 다시 구워 만들 수가 없다. 단단하게 굳어진 병은 깨어서 버려 불에 사르는 것이 최상이다. 즉 우리는 온유과 겸손의 마음으로 하나님께서 쓰실 수 있도록 곱고 **부드러운 진흙**이 되어야 하겠다.
18. 내가 태에서 나와 **고생과 슬픔**을 보며(20:18) ~ 동족에게 버림받고 모욕과 투옥을 경험하게 될 것을 알면서, 그리스도께서 자기 백성을 위해 피눈물을 흘리고 자기 백성의 죄를 마신 **십자가의 예표**의 심정이다. 믿음의 기초는 하나님 말씀이며, 하나님께서 믿음을 일으켜 세우신다.
    고생과 슬픔이 없이는 그리스도가 존재할 수 없으며, 사역자들도 마찬가지이다.

19. 하나님은 **참 목자**이시다. 하지만 **거짓 목자**도 있다(23:1-4). ~ 하나님은 가난하고 억눌린 자들을 내쫓고 예루살렘에 남아 있는 부자들에 대해서는 엄중한 경고를 하신다. 그러나 가난하여서 쫓겨난 사람들에 대해서는 끝까지 일일이 찾으셔서 친히 목자가 되신다.
20. **무화과 두 광주리 비유**(24장) ~ 무화과는 진리 혹은 믿음이요, 극히 좋은 무화과는 바벨론에 포로로 잡혀가서 어려움 가운데 **새로운 심령으로 거듭 태어난 처음 익은 무화과**이다. 바벨론의 포로가 된 백성에게는 예레미야, 에스겔, 다니엘과 같은 대선지자가 있었다. 극히 악한 무화과는 하나님 말씀에 거역하여 애굽으로 도망하여 애굽의 多神敎에 흡수되어 다시 돌이킬 수 없는 **저주의 무화과** 등 두 종류를 비유한 것이다. 예수께서도 열매 없는 무화과를 고난 주간에 저주하셨다(요 15장). 옥토가 되려면 갈고 엎고 거름을 줘야 하는 것과 마찬가지이다.
21. **70년 동안** 바벨론 왕을 섬기리라(25:11, 29:10, 대하 36:21; 단 9:2 참조).
    BC 606년부터 시작된 1차 포로(여호야김과 다니엘 등)부터 바사의 고레스 칙령이 발표된 후(스 1:1-3) BC 538년경 1차 포로 귀환 때까지의 70년을 의미한다. 70년 동안 바벨론 왕을 섬기리라 예언한 최초의 예언자는 예레미야이고, 바벨론(바사)의 총리였던 다니엘이 예레미야를 읽다가 70년을 놓고 기도하다가 70이레의 응답을 받았다. 70년이 실현된 것이 (에스라가 기록했으리라 추측되는) 역대하 36장 21절에 포로 귀환 후 정확하게 입증 기록되었다.

22. 29장은 바벨론의 포로가 된 유대인에게 쓴 편지로 "바벨론에서 정상적인 생활을 하라."
슬프다 **야곱의 환난의 때여**(30:7) ~ '야곱의 환난의 때'는 그리스도 고난과 심판의 때로 봐야 할 것이다. 이때는 ① 구약의 적그리스도가 이스라엘을 지배할 때(단 9:27) ② 신약의 사탄 마귀가 마지막 분내어 최후의 발악을 할 때(계 12-16장) ③ 사탄이 예수 그리스도를 죽게 하면 승리할 줄로 착각한 십자가에서의 환난과 죽으심의 때로 볼 수 있다.
그러나 구약 적그리스도인 안티우쿠스도 살해를 당하고, 사탄 마귀의 최후의 심판은 곧 이루어질 것이나, 예수 그리스도만이 부활 승천하시어 성령을 보내시고 마지막 때 성도들을 새 하늘과 새 땅으로 데려가신다. 즉 환난의 때는 전주곡이요, 과정이며 풀무불이요, 사자굴에 불과하다.
23. **라마에서 슬퍼**하며 통곡하는 소리……**라헬이 자식을 위하여** 애곡……(31:15) ~ 라헬은 요셉과 베냐민의 친어머니이다. 라헬은 자식 낳는 데 시기심이 많아 언니와 경쟁했다. 라헬은 이미 죽었지만, 라헬이 (짐승에게 죽은 줄로 안) 애굽에 팔려간 요셉을 위해 너무나도 슬퍼서 위로를 받을 수 없는 극히 처량하고 슬픔의 극한 상황을 표현할 때 사용된다. 라마는 베냐민 성읍이다. 헤롯이 예수를 죽이려고 2살 이하의 모든 남아를 죽이려 하니 자식의 죽음을 보고 그 슬픔을 표현하기 위해 사용되었다(마 2:16-18).
24. 슬프도소이다(32:17-22). ~ 예레미야가 감옥에서 하나님께 찬양드리며 자기 백성이 어려움을 당하매 한탄하기도 하는 구절이다. 주께서 만물을 지으셨기에 능하신 하나님께서 그 행위의 열매대로 보응하실 것을 주의 이름을 높이는 구절이다. 일단 사촌의 땅을 사서 문서를 항아리에 보관하라. 언제가는 다시 그들이 밭을 사게 될 것이다.
25. 다윗에게 **한 공의로운 가지**가 나게 하리니(33:15) ~ 다윗은 나라를 다스리는 공평과 하나님을 섬기는 공의를 이룩한 왕이다. 예루살렘을 성시(聖市)화한 왕이다.
26. 애통하기를 슬프다 주여 하리니(34:5) ~ 시드기야 왕의 최후에 관한 예언이다. 시드기야는 바벨론에 항복하여 많은 재난과 인명을 구할 시간적 여유가 있었으나 그는 이를 거부했다. 그래서 시드기야는 두 눈이 뽑혀 포로로 잡혔으며, 아들들이 목전에서 살해당했고, 많은 유다 백성과 귀인 그리고 방백들이 죽었기에 슬프지만, 시드기야는 바벨론에서 평안히 죽을 것이다(5).
27. 나의 고통, 슬픔, 탄식(45:3) ~ 예레미야가 바룩(예레미야의 서기관이며 친구)에게 예언한 내용이다. 바룩이 비탄에 빠진 것은 하나님의 말씀에 비추어 보니까 예루살렘의 죄악이 너무나도 위중하고 그래서 심판을 받아야만 함에 비탄하나 나중에 구원의 손길은 임한다. 그러나 바룩은 이 모든 자신의 슬픔보다 훨씬 능가하는 하나님의 피 흘리시는 슬픔임을 깨닫는다.
28. 슬프다 **세삭(바벨론)이 함락**되었도다. 슬프다 바벨론이……(51:41). ~ 바벨론을 일컬으며 예레미야에 세 번 나온다. 약 70년 후, 바벨론이 메대인에게 멸망당할(28) 사건을 예언한다. 메대인들은 BC 14-10세기에 현재의 이란 부근에서 흩어져 살았던 씨족 민족에 불과했다. 유다를 멸망시켰던 바벨론이 메대의 칼날 앞에 무릎 꿇고 치욕을 당할 줄 누가 알았으며, 메대 역시 바사의 고레스에 합병되는 일대 혼란의 부르짖음이다.
바벨론 멸망 원인은 ① 하나님의 성소를 침입하여 짓밟아 약탈하고 불질렀기 때문이다(51:51). ② 교만 때문이다(51:53). 하늘까지 오를까? 성을 높이어 견고히 할 수 있나?
29. 마침내 **예루살렘이 멸망**하다(52장). ~ 멸망과 동시에 성전이 불타며, 성벽이 무너지며 많은 성전 기구와 백성이 포로가 된다. 그럼에도 불구하고 바벨론 왕 에윌므로닥(느부갓네살 2세의 아들)이 여호야긴을 우대하여 주었고, 훗날 유다가 회복될 것을 예언한다.

유다 멸망에서 예수 그리스도의 탄생까지

남 유다의 역사	B.C.	기타 열방의 역사
이사야의 사역(웃시야 왕~히스기야)	740-680	
북 이스라엘이 앗수르에 의해 멸망	722	
	626	신흥 바벨론이 확장되기 시작함. (느부갓네살, 벨사살 등)
다니엘, 여호야김 왕 등 1차 포로	606	
에스겔, 여호야긴 왕 등 2차 포로	597	
유다의 마지막 왕 시드기야 등 3차 포로	586	바벨론이 예루살렘을 멸망시킴.
예레미야의 사역(요시야 왕~시드기야)	627-580	
	593-560	에스겔이 바벨론 그발 강에서 사역
	605-536	다니엘의 사역
	539	바벨론이 메대와 바사에게 멸망함. (고레스, 다리오, 아하수에로 등)
	538	바사 왕 고레스의 칙령
스룹바벨(여호야긴의 손자)등 1차 귀환	538	
성전 건축 시작	535	
학개, 스가랴의 사역	520	
성전 건축 완성	516	
	478	에스더가 바사국의 왕비가 됨.
아론의 후손 에스라 등 2차 포로 귀환	455	
느헤미야 등 3차 포로 귀환	445	
예루살렘 성벽 중수 명(命).	445-396	예루살렘 성벽이 완성됨.
말라기의 사역	437	
	331	바사(BC 539-331)가 알렉산더의 헬라에 의해 멸망당함
히브리 성경이 헬라어로 번역(70인역)	260	
바리새인의 출현, 율법 연구에 몰두 사독 계통의 대제사장의 출현.		
유다 마카비 반란이 시작	167-142	
	63	헬라가 로마에 의해 멸망당함.
헤롯 성전 건축 시작	20	
예수 그리스도의 탄생	0	

에스겔 --- 포로수용소에서 소망을 준 선지자

1. 에스겔은 누구인가?

에스겔은 제사장이며 동시에 선지자이나, 바벨론 포로수용소에서 선지활동을 한, 어두움 가운데 소망을 준 선지자이다. 그는 유다가 망하기 바로 직전, 포로가 되어 비탄에 빠진 민족에게 하나님의 비전을 전한 선지자이다. 대부분 독특한 예언, 상징, 비유 등으로 복음을 전했다.

대표적으로 37장에 유다가 말라 죽은 뼈였으나 하나님의 생기가 불어지니 살아 일어나서 큰 군대가 된다. 즉 이스라엘의 회복이다. 43-46장의 미래 성전에서의 주님의 영광, 47장에 성전 문지방 밑으로 스며드는 물 등 환상으로 소망을 준 선지자라 할 수 있다.

2. 복음의 특징

1) 6, 7장에 **"너희로 나를 여호와인 줄 알게 하려 함이니라"**가 여러 번 나온다. 유다 민족이 부패함으로 심판받아야 하며, 징계를 통해 다시 정결해지면 회복이 있게 되며 비로소 여호와를 알게 된다는 것으로 하나님의 심판은 정의이다(사랑하는 자를 징계하신다. 히 12:5-13 참조).
   성전에서의 신성모독, 사악한 자들의 살육, 위선적인 선지자들, 장로들의 우상숭배, 열매 없는 포도나무, 부정한 아내들을 바벨론이 독수리같이 그들을 옮겨질 것이다.
   심판 대상에는 암몬, 모압, 에돔, 블레셋, 두로, 시돈, 애굽 등인데 에스겔서에는 두로의 심판을 많이 언급한다.
2) '인자(人子)' 라는 표현을 93번 사용하였다. 인자는 특히 예수께서 많이 사용하셨는데 ① 그리스도 자신을 칭할 때, ② 그리스도의 고난과 죽음을 나타낼 때, ③ 그리스도 자신의 종말적 재림과 왕권 통치 등을 일컬을 때 주로 사용되었다.
3) '여호와의 영광' 도 많이 사용되었다. 포로 귀환 후 성전의 회복이 있을 것이며, 성전에서 여호와의 영광이 구름같이 가득 찰 것이다. 새 땅과 새 성읍에 대한 계시도 이어진다(47, 48장).
   '끝났도다' 도 많이 사용되었다(7장). 끝은 새 시대를 open하기 위한 바로 전(前) 과정. 행위를 따라 심판을 한 후 새 하늘과 새 땅이 도래하는 것과 동일하다. 새로운 피조물이 되기 위한 바로 前 단계이다. 이전 것은 지나갔으니 보라 새것이 되었도다.
4) 신앙적으로 예레미야를 mentor로 여긴 것 같아 복음의 방향 및 흐름이 거의 흡사하다.

3. 시대적 배경

바벨론의 느부갓네살이 첫 번째로 여호야김 왕과 다니엘 등을 포로로, 두 번째로 여호야긴 왕과 에스겔 등을 포로로 잡아갔다. 에스겔은 다니엘과 거의 동년배이며, 예레미야보다는 약 20년 연하이다.

이때의 유다에는 빛은 전혀 없고, vision도 없고, 소망도 찾아볼 수 없는 비참한 때이다. 다니엘은 이미 왕궁에서 상당한 위치에 있었던 것 같고, 에스겔은 포로수용소에 있으니 오죽했겠는가? 또한 그발 강가는 약 1500년 전 아브라함이 본토, 친척, 아비 집을 떠난 곳으로 추측되기도 하다. 자유민으로 떠났으나, 이제는 수갑 찬 포로로 수만 명이 잡혀왔으니…….

에스겔의 소망적 주요 예언 활동

I. 유다는 반드시 망한다(1-24장). ~ ① 서론 에스겔의 소명(1-3장)
② 심판의 예언(4-11장) ③ 심판의 비유(12-24장)
II. 죄 때문에 이방 나라도 반드시 심판받는다(25-32장).
III. 회복과 축복 ~ ① 새 성전(40-43장) ② 새 예배(44-46장) ③ 새 기업(47-48장)

I-1. 서론 에스겔의 소명(1-3장)

1장 에스겔에게 보여주신 환상 에스겔이 엎드리어 환상을 봄.
① 네 생물 환상(4-14) ~ 하나님의 전능. ② 수레바퀴 환상(15-25) ~ θ의 무소부재
③ 네 보좌 환상(26-28) ~ 역사의 주관자. like가 6번 나옴.

2장 에스겔에게 소명을 주심 에스겔이 일어서서 말씀을 받음.
① 말씀을 그대로 전하라. ② 결과에 관여하지 말고 최선을 다하라. ③ 고난을 각오하라.

3장 파송 받는 에스겔 환난, 핍박, 반대를 극복하라.

I-2. 심판의 예언 (4-11장)

4장 예루살렘이 포위되리라. ① 토판(박석)의 징조(1-3) 토판~부드러운 진흙 벽돌덩이
운제~공격도구, 사다리 언덕~토둔, 공격포의 받침대 공성퇴~충기류 전철~철판
② 누워 예언하라(4-8). 확실치는 않으나, 예루살렘 멸망(BC 586년)에 390일(년)을 더하니 BC 976년인데, 이는 여로보암이 북 이스라엘을 건국한 해요, 또 40일(년)은 정통성이 있는 솔로몬 재임 기간 40년을 말할 수도 있다. ③ 부정한 떡으로 엄청난 식량난(9-17)

5장 삭도의 예언 날카로운 칼(삭도)은 하나님의 심판의 도구인 바벨론 왕.
수염과 머리를 깎아라.~ 범죄함, 사명의 끝, 징계. 심판의 도구~불(기근), 칼(살육), 바람(포로).
심판의 이유 ~ 규례를 버리고, 율례를 행치 아니하고, 내 성소를 더럽혔기 때문(6, 11).

6장 이스라엘의 죄와 남아 있는 자 그루터기에 새순이 돋아나듯이 남아 있는 자(8)
나를 여호와인 줄 알리라(7, 10, 13, 14, 7:4, 7:27).

7장 끝이 임박하였다. 끝, 끝, 여호와가 치는 줄 알리라(9). 몽둥이가 꽃피며(10)~민수기 17장 8절에 아론의 지팡이에 싹 난 것이다. 즉 백성들이 하나님께 거역 원망 불평한 것을 의미한다. 화려한 장식(20). 끝 날에 환난, 소문, 없어지는 것---묵시, 율법(말씀), 책략 등(26).

8장 다른 큰 가증한 일---담무스에 애곡하므로 여호와께서 성소를 떠나심

오죽하면 하나님께서 성소를 떠나시며(6), 이 땅을 버리실까!(12) 8장에 가증한 일(6, 9, 17) 다른 큰 가증한 일(6, 13, 15) 등의 우상숭배가 많이 나옴. 우상의 다양화, 현대화.

① 제단 문 북쪽에 **질투의 우상**(3, 5)~세속적 욕심에 의한 우상, 아마도 바알과 아세라를 뜻함.

② 70인 장로가 섬기는 각종 **곤충 및 가증한 짐승을 우상**(10, 11) ~ **70인** 산헤드린(?) 회원 및 (대제사장?) 야아사냐가 우상 섬기는 것은 애굽 多神들을 그려 우상함.

③ **담무스**(14, Tammuz) ~ 고대 바벨론부터 헬라에 이르기까지의 힘의 신. 조상은 니므롯이요, 처는 이쉬타(Ishtar)로서 세력의 신. **여인**들이 앉아 애곡하면서 섬김.

④ **동방 태양을 숭배**(16) ~ **25인**(24장로 plus 대제사장)이 동방 태양(바사 신)을 경배함.

9장 심판의 집행과 이마에 표 있는 자 죽이는 무기(1, 2), 그 땅에 피가 가득하며 그 성읍에 불법이 가득함(9). 베옷은 하나님의 거룩과 공의. 먹 그릇은 심판의 선고(계 8:6-7의 일곱 천사 심판을 참조). 성도의 이마 표(계 7:3)를 받은 144,000명(계 7:4)에게는 손을 못 댐. 그러나 계시록 14:9-11에는 짐승(적그리스도)의 표를 이마에 받은 자도 있음.

10장 심판의 방법 심판의 도구는 불. 여호와의 영광이 성전에서 떠남(18).

11장 심판과 회복 일치한 마음, 새 신, 부드러운 마음을 주심(19-20).

I-3. 심판의 비유(12-24장)

12장 이스라엘 멸망의 상징

13장 거짓 선지자에 대한 경고---자기 심령에 따라 예언하는 자, 허탄한 묵시, 회칠

14장 죄악

15장 무익한 포도나무 비유 무화과나무, 감람나무와 마찬가지로 포도나무는 이스라엘을 상징하는데, 특히 포도나무가 포도를 맺지 못하면 다른 용도가 전혀 없다. 예루살렘이 그렇다. 포도나무가 열매를 맺으려면 오직 한 가지인데 그것은 예수 안에 거하는 것뿐이다.

16장 부끄러운 과거, 음부의 비유 특히 음행의 우상으로 하나님을 배신하였으니, 네 어미는 헷 사람이요, 아비는 아모리 사람이라(45). 헷과 아모리 사람은 가나안에 거하는 족속으로 모욕적 말이다. 거하는 곳은 사마리아(타협과 잡혼으로 버림받은 악의 소굴)요, 소돔(동성연애로 불 심판 받은 곳)이라(46). 가나안 지역 중 가장 악한 곳이다. 그러나 새 언약을 세우리라(60).

17장 두 독수리, 죽은 포도나무, 백향목 비유 유다 멸망 직전 민족의 상태와 회복의 장이다. 커다란 독수리(느부갓네살)와 다른 큰 독수리(애굽) 사이에서 우왕좌왕했던 유다의 모습이다. (바벨론에 2차 포로 때) 종자(5, 여호야긴을 말하는데 그는 젊었을 때 단 90일 왕위에 올랐음)를 심었고, 수양버들 가지(시드기야)를 큰 물가(유다)에 심었더니, 포도나무 가지(유다의 시드기야)가 물을 받으려고 다른 큰 독수리(애굽)에 붙는다(7). 그러나 바벨론을 배반한 시드기야를 잡아 눈을 빼고 많은 백성을 죽이므로 유다는 멸망한다(11-21). 아무리 인간적인 방법으로 무성하려 해도 낮추어 스스로 서지 못하거나 패역하면 하나님의 징계밖에 없다는 것이다.

회복(22-24) : 높은 (유다)나무를 낮추어서 다시 (회복) 높여주신다(24). 푸른 나무도 말린 후 다시 무성케 해 주신다.

18장 범죄는 사망이다.

19장 옥에 갇힌 두 마리 사자 비유 마지막 선한 왕 요시야 다음 왕들 중 그의 큰아들인 여호야김 왕이 비교적 애국자였다. 그러나 그는 예언자의 말을 듣지 아니하므로 망했다.

어미 혹은 암사자(이스라엘을 말함)의 새끼 중 한 사자(여호아하스를 말함. 그는 3개월 동안 왕위에서 악을 행하다가)는 애굽에 끌려가 1년 만에 죽으니(3-4), 또 다른 새끼 사자(여호야긴)가 젊은 사자가 됨(5). 그는 더욱 악을 행하고(7, 8) 바벨론 왕 앞에 끌려감(9).

요시야 왕의 후왕들도 비교적 유능했고 기회도 있었으나(10), 신본주의가 아닌 인본주의로 세상을 의지하려다가 결국 동풍에 마르고 불에 탄 포도나무가 되고 말았다(10-14).

20장 내 이름을 욕되게 하지 말라. ~ 안식일을 범함.
21장 죄의 대가 ~ 하나님의 칼
22장 예루살렘의 죄상

23장 오홀라(사마리아, 언니)와 오홀리바(예루살렘, 여동생) 비유 오홀라는 앗수르 사람을 사모하여(5) 행음 우상을 섬겼으며, 애굽에서도 동일했느니라. 동생 예루살렘 오홀리바는 언니보다 더했느니라. 두 왕국은 모두 한 줄기인 다윗의 후손이나 행음, 하나님을 등 뒤로 버림, 우상숭배, 세속적 쾌락과 사치 등으로 심판받아야 여호와를 알리라.

24장 녹슨 가마 비유, 에스겔 아내의 죽음 예루살렘은 부패한 녹슨 가마이다. 이는 살인과 간음으로 말미암은 것이다. 하나님은 녹슨 가마를 정결하고 깨끗하게 하시려고 수술의 칼을 드셔야만 한다.

15절 이하는 에스겔 선지자 아내의 희생적 죽음으로 예언을 한 것인지 아니면 상징적으로 아내의 죽음이 예루살렘 멸망을 비유한 것인지는 확실치 않다. 의인의 갑작스러운 죽음도 하나님 섭리 가운데 있다. 예를 들어, 아벨에서 스가랴의 피까지, 악형을 받고 희롱, 결박, 채찍, 옥, 결박, 돌, 톱, 시험, 칼 등에 뜻을 굽히지 않고 순교자 반열에 들어간 자들도 많다(히 11:35-40).

이스라엘 사람은 슬플 때 손으로 수염을 가리며, 수건으로 머리를 풀며, 맨발로 다닌다(그러나 22, 23절은 정반대). 즉 당연한 결과이니 슬퍼하지 말라고 하시는 말씀이다.

II. 이방에 대한 심판(25-32장)

암몬에 대하여(25:1-7) ~ 이스라엘의 곤경과 슬픔을 보고 오히려 기뻐함(롯과 작은딸).
모압에 대하여(25:8-11) ~ 모압과 세일은 아주 가깝고, 암몬과 마찬가지 경우(롯과 큰딸).
에돔에 대하여(25:12-14) ~ 유다가 위기에 있을 때 유다에게 원한을 갚았기 때문에.
블레셋에 대하여(25:15-17) ~ 옛날부터 유다를 미워하고 멸시하고 진멸코자 했기에.

두로에 대하여(26:1-28:19) ~ 두로는 베니게의 중요 성읍였으며, 솔로몬, 아합 때 이스라엘과 긴밀한 관계를 유지했다. 느부갓네살도 멸망시키지 못하는 난공불락의 성이었으나, 새로운 군대가(알렉산더) 점령했다(26:10-12). 결국은 완전 초토화되니 주변국들도 깜짝 놀란다(26:18).

27장은 두로가 지중해 연안 국가로 무역(12절부터 무역이라는 단어가 근 20회)과 어업(5-11)이 아주 왕성하여 아름답고(3, 4, 11) 화려함 그리고 왕의 명성이 하늘을 찌를 듯했던 상황이다.

28장은 무역이 그렇게 왕성하고(16) 화려하여 아름다우니(17) 나는 신이라(2) 내가 하나님의 자리에 앉았도다. 즉 교만이라(17). 네 모든 길에 완전하더니 마침내 불의가 드러났도다(15). 사탄의 타락과 동일하며, 이사야 14장과 함께 28장에 사탄의 타락을 말한다.

시돈에 대하여(28:20-24) ~ (노아의 손자인) 가나안 맏아들의 후손으로 두로와 함께 베니게를 대표하는 성읍이며, 찌르는 가시가 다시는 없게 하리라.

애굽에 대하여(29-32장)
큰 악어인 애굽이 스스로 힘을 자랑하나, 두로를 점령하지 못한 느부갓네살에게 대신 애굽을 주어 갈고리로 네 아가미를 꿰리라(29장).

30장 애굽 등 열국의 마지막이다. 구스, 붓, 룻(리비아), 굽(5), 놉(13), 바드로스, 소안, 노(14), 신(15), 아웬(일명 '온'), 비베셋(17), 드합느헤스(18) 등 애굽의 위성 도시들일 것이다.

31장 레바논 키가 큰 백향목 같은 애굽이 그늘 속으로 사라진다. 애굽의 멸망도 느부갓네살의 최후, 앗수르의 멸망과 흡사하다. 애굽도 키가 커서 구름에 닿을 만하고 아름다운 교만을 말한다. 물(4)은 나일 강이며, 강을 중심으로 농업도 왕성했다. 나무들은 에덴 동산과 비슷하게 아름다웠다.

주위의 모든 새나 짐승 즉 주변 국가를 다스렸으나 여러 나라의 능한 자(11, 바벨론)에 정복당한다(14절 이하). 음부(구덩이, 지하, 스올)에까지 떨어진다.

32장 큰 악어인 애굽에 대한 사형선고이다. 이스라엘의 최장기간 최대 적이었던 악어 애굽의 사망선고이다. 바벨론을 도구로 완전 멸망(14)되어 음부로 내려가게 될 것이다(21). 할례받지 못한 자들도 마찬가지이다. 앗수르(22-23), 엘람(24-25, 앗수르의 북쪽지방), 메섹과 두발(26-28, 야벳의 후손으로 아라랏 주위의 유럽인으로서 당시에 강한 국가였던 것 같다), 에돔(29-30) 등 모두 폭군으로 음부에 떨어진다. 북방의 모든 방백(30)은 두로와 시돈을 말한다.

III. 회복과 축복(33-48장)

새 성령으로, 새 마음으로, 새 은사로, 새 성전에서, 새 예배로, 새 기업의 회복

1. 새 성령으로(37장) ~ 약 60여 년 후 있을 바벨론 포로 귀환(21)의 마른 뼈의 부활이다. 마른 뼈의 부활은 보이는 육체에 하나님의 생기(히브리어로는 '루아흐' 이며, 뜻은 숨, 바람, 영이다)를 부어줌에 있다. 즉 인간은 하나님의 영이 있으면 생명을 지녔고, 하나님의 영이 없으면 산다고 하나 실제로는 죽은 자이다(8). 마른 뼈는 포로 된 이스라엘이요, 소망이 없는 무덤 속에 있는 자들이다. 24절의 다윗 왕은 한 목자(24)인 메시야를 말하며, 메시야 왕국의 도래를 예표한다.

성경에 죽은 자 가운데 다시 살아난(부활은 아님) 경우들이 기록되어 있다.
1) 엘리야가 죽은 아들을 다시 살림(왕상 17:19-22). 2) 엘리사가 죽은 아들을 다시 살림(왕하 4:32-37). 죽은 엘리사의 뼈에 죽은 자를 던지니 다시 살아남(왕하 13:20-21). 3) 예수께서 나인 성 과부의 죽은 아들에게 "청년아 일어나라" 하시매 다시 살아남(눅 7:11-15). 회당장의 죽은 딸에게 "잔다. 소녀야 일어나라" 하시매 다시 살아남(눅 8:49-56). "나사로야! 나오라"(요 11:43). 4) 베드로가 도르가(다비다)에게 "다비다야 일어나라" 하니 그녀가 눈을 뜸(행 9:36-43). 5) 바울이 3층에서 떨어져 죽은 청년 유두고를 살림(행 20:7-12).
예수님께서 3회, 엘리사가 2회, 그리고 엘리야 베드로 바울이 각각 1회씩이다. 총 8회인데 살린 경우 모두가 몸으로 살았기에, 하나님의 영광을 위해서 살아난 경우이다.

2. 새 성전에서(40-44장) ~ 머리는 예수 그리스도.

3. 새 예배로(45, 46장) ~ 자원하는 마음의 영과 진리로 드려지는 예배는 영적이어야 한다.
예배에는 주님께 영광 드리는 예수의 이름과 십자가 보혈의 용서가 있어야 한다.

4. 새 마음으로(47장) ~ 복음의 가르침, 전파, 그리고 치료가 있는 마음. 다시 소성, 심히 많아지며, 실과가 많이 맺혀야 한다.

5. 새 기업으로(48장) ~ 은혜로 주어지는 것. 단 지파가 거론되는 마지막.

참고로, 38과 39장은 말세에 되어 질 마곡의 곡 왕에 대한 종말이다. 여러 날 후 곧 말년(38:8, 마지막 대환란), 큰 지진(38:19), 전염병과 피, 폭우, 큰 우박덩이, 불과 유황(38:22)
일곱 해 동안 불 피우리라(39:9). 일곱달 동안에 그들을 장사하리라(39:12). 내가 너희를 위한 잔치 곧 이스라엘 산 위에 예비한 큰 잔치(39:17). ~ 갈보리 산 위의 십자가 은혜.

다 니 엘 --- 어려움을 지혜로 극복한 선지자

1. 다니엘은 누구인가?

다니엘은 바벨론에 세 친구와 함께 제1차 포로로 끌려가 바벨론, 메대와 바사국의 시대까지 포로에서 최고 관리까지 이르는 데 어려움이 많았으나, 어려움을 오직 기도로 극복했다. 에스겔과는 거의 동년배이다. 다니엘서 12장 중 하나님의 지혜로 꿈을 해석하여 높임을 받는다. 이름의 뜻은 '하나님은 심판자이시다' 라는 뜻이다.

2. 복음의 특징

그리스도는 이 세상 왕국을 쳐부술 거대한 돌(2:34, 35, 45)로, 옛적부터 항상 계신 자로부터 권세받은 人子(7:13, 14)로, 끊어져 없어질 기름부음 받은 자(9:25, 26)로 묘사한다. 하나님께서 세우신 영원한 메시야 왕국이 반드시 도래할 것이다.

다니엘의 일생은 하나님 제일 중심으로, 하나님의 지혜로 어려움을 극복한다. 과연 우리는 어려움이 닥치면 원망, 포기하지는 아니할까? 1장 왕의 음식(우상의 음식일 것임)을 먹어야 하는 위기, 2장 느부갓네살의 꿈을 해석해야 하는 위기, 3장 다니엘의 세 친구가 극렬히 타는 풀무 불에 떨어져야하는 위기, 4장 느부갓네살의 교만과 싸워야 하는 위기, 5장 바벨론 벨사살의 망령됨과 싸워야 하는 위기, 6장 메대의 다리오 왕 때 그의 신상에 절해야 하는 위기 등을 오직 하나님만 바라보는 신앙으로 극복했다.

7장부터 12장까지는 네 짐승을 중심으로 그리스도께서 결국에는 자기 백성을 구원하신다는 내용이다. 다니엘은 70년 후 포로 석방이 있으리라는 확신하에 기도하여 받은 계시이다.

네 이방 제국은 일어나고 하늘의 산 돌이 네 제국을 멸한다(7장). 네 제국 사이에서 고통받는 이스라엘 즉 양과 염소의 환상이다(8장). 거룩한 자의 기름 부음에 관한 70이레의 계시를 받는다(9장). 이는 하나님의 영원 前 완전한 구원 계획과 미래의 역사에 대한 설명이다(10장). 바사와 헬라의 왕들의 쟁탈전, 애굽과 수리아의 처절한 전쟁, 또 이스라엘에 대한 박해 등이 예언된다(11장).

결국에는 하나님의 백성은 환난 가운데 구원의 역사가 있게 된다(12장).

이와 같이 다니엘은 항상 기도하여 하나님의 지혜(5:12, excellent spirit, no fault, faithful, knowledge, understanding, interpreting, solving, explaining)를 받았으며 ① 하나님 절대성에 대한 신앙, ② 하나님 능력에 대한 신앙, ③ 하나님 뜻에 대한 신앙으로 극복하니 축복이 따라왔다.

3. 바벨론에 관하여

① 바벨론의 시조는 함의 자손 니므롯이 실질적 창시자이다(창 10:6-10). 창세기 14장 1절의 '아므라벨' 도 함무라비 법전을 말한다. 앗수르의 속국이었으나 유다 요시야 왕 때 독립 선언함.

② 신흥제국 바벨론(이사야 당시에는 약소국)이 강국으로 발전하여 BC 612년 강국 앗수르의 수도 니느웨를 함락시켜 명실상부한 최강의 북방왕국이 된다. 이윽고 BC 605년에는 애굽마저도 정복하여 근동의 최강대국으로 급부상한다. 그러나 바벨론의 마지막 왕 벨사살 때, BC 539년 메대와 바사 연합군에 멸망한다. 불과 80여 년의 짧은 기간의 강대국이다.

7장 이상으로 본 네 짐승 --- 하나님의 섭리

7장은 느부갓네살의 꿈을 해석한 다니엘 2장의 네 짐승(제국)과 하늘의 돌을 기초하고 있다.

① 〈제1제국〉 바벨론. 금 머리. 사자(왕 중의 왕)와 같은데 독수리(새 중의 왕) 날개가 있음. 강력한 왕국. 날개가 뽑혔음 ~ 4장에서 느부갓네살이 교만하여 7년 동안 짐승처럼 풀을 먹고, 나중에 회복되어 두 발로 선 평범한 사람으로 된 것.

② 〈제2제국〉 메대와 바사. 은 가슴과 팔. 세 갈빗대를 물고 있는 곰. 세 갈빗대(3왕국)가 물려 있음. ~ 메대와 바사의 초대 왕인 고레스(사이러스) 왕. 몸 한편을 든 곰 ~ 바사가 먼저 세워진 메대를 합병 흡수함. 고레스가 소아시아, 바벨론, 이집트를 정복함. 많은 고기를 먹음 ~ 세 제국을 먹어 치우는 식성 좋은 곰. 힘(大軍)으로 밀어붙이나 둔함.

③ 〈제3제국〉 헬라. 놋 배와 넓적다리. 네 머리와 네 날개의 표범. 날개 넷 ~ 젊은 알렉산더가 순식간에 최초로 전 세계 동서양을 단기간에 정복함. 머리 넷~알렉산더의 죽은 후, 네 장군에 의해 네 지역으로 분할됨.

④ 〈제4제국〉 로마. 철 종아리. 머리에 열 뿔 달린 무섭고 무자비한 짐승. 로마가 서 유럽의 대부분인 영국에서부터 동쪽으로 인도까지 무자비하게 점령함.

⑤ 〈제5제국?〉 그 후(언제인지는 모르나 종말 때), 작은 뿔이 세 뿌리를 뿌리째 뽑음. 나머지 7왕을 통합하여 하나님을 대적함(계 13장). 적그리스도~ 눈과 입. 정치 경제 군사력이 막강한 세상적으로 훌륭한 사람(대통령 혹은 국왕으로 생각됨). 마귀는 스스로 하나님같이 되는 것이 꿈. 말세 현상들이 나타나고, 적그리스도는 육신으로 오신 예수를 모방하여 말세에 내가 그리스도라고 사람들을 미혹하여 성도를 괴롭힘. 대환란이 있은 후, 하늘에서 人子가 오셔서, 불과 유황으로 이마에 짐승의 표를 받은 자, 적그리스도, 거짓 선지자, 마귀, 사망과 음부를 불 못에 던져 버리심.

8장 숫양(바사)과 숫염소(헬라)에 대한 환상(vision)

7장의 네 짐승 환상을 본 지 약 2년 후(다니엘 약 70세), 숫양과 숫염소 환상을 봄.

1. 두 뿔 가진 숫양(8:1-4) ~ 두 뿔 가진 숫양은 메대와 바사. 두 뿔 중 나중 뿔(바사)이 더욱 우뚝 솟았음. 나중 생긴 바사가 먼저 생긴 메대보다 강하여 흡수 합병함. 바사(Persia)는 현재 이란(Iran) 위치에 있었으며, 서쪽의 헬라, 북쪽의 바벨론, 남쪽의 애굽을 찔러 강대해짐.
2. 서편에서 온 숫염소(5-8) ~ 서쪽의 헬라(숫염소)가 나타났는데, 현저한 뿔(알렉산더)이 있음. 바사 대군(大軍)을 정예의 헬라가 이기는데 헬라가 너무 빨라 발이 땅에 닿지 아니함. 표범이다. BC 331년에 바사가 헬라의 알렉산더에게 대패함. 그러나 알렉산더(현저한 뿔)가 죽고, 네 장군(뿔 넷)이 하늘 사방(4지역)으로 분할됨.
3. 작은 뿔(9-14) ~ 이는 구약의 적그리스도로서 역사적으로 시리아의 8대 왕인 안티오쿠스 4세 에피파네스라 함(BC 175-164). 그가 스스로 높아져서 11, 12절의 악행을 행함. 주재를 대적, 제사를 그치게 하고, 성소를 헒. 성소를 헐고 돼지 피를 제단에 뿌리는 등, 이스라엘이 가장 싫어하는 행위를 함. 진리(말씀)를 팽개침. 이는 말세에 나타날 적그리스도가 ① 이스라엘 성전의 제단을 헐고, ② 자기의 우상을 세워 그 우상에게 절하게 하고, ③ 아침 저녁의 소제를 없애며, ④ 모세의 율법(성경)을 폐하고, ⑤ 이방 생활(무할례)을 강요한다.

4. 2,300주야 후 성소가 다시 정결해짐(14). 시리아 8대 왕이 BC 171년에 유대 대제사장을 죽이고, BC 167년 12월 25일부터 성전 제사를 금한 후, 그가 죽은 BC 164년에 성소가 다시 정결해지고, 아침 저녁으로 소제를 다시 드림. 꼭 2,300일, 약 6년 남짓.
   BC 164년 12월 14일경 제우스 신당을 헐고 다시 성전을 되찾아 하나님께 바치는 축하의 절기가 **수전절**(守殿節)임. 지금도 유대인은 X-mas가 아니라, 성전을 되찾은 날을 기념함. 이스라엘을 핍박했으나 망한 애굽의 바로를 기념한 **유월절**(Passover)임. 유대인을 죽이려 했던 아각 사람 하만이 죽은 날을 기념하여 **부림절(Purim, 제비 뽑다)**이 생김.
   말세에 이와 같은 현상이 또 일어날 것임. 시리아 8대 왕 혹은 적그리스도는 ① 얼굴이 뻔뻔하며 속임수(정치적 수완)에 능하며, ② 권세가 강하며, ③ ~~~ 24절, ④ **스스로 큰 체하며 "내가 신이다"** 할 것임. ⑤ 만왕의 왕을 대적하나 결국은 깨어짐.
   다니엘이 이 환상을 보고 너무 놀라 까무러쳤음. 무시무시한 핍박과 큰 혼란임. 말씀이 없어짐.

9장 다니엘의 70이레 예언

다니엘이 이미 80세를 넘었을 때. 다니엘이 포로에서 귀환할 것을 위해 기도하는 중 70이레("칠십이 일곱 번이다"라는 뜻, 70×7)라는 엄청난 예언을 받는다.

칠십 이레란 70weeks, 즉 70×7=490일로 볼 수도 있고, 혹은 490년으로 볼 수도 있는데 후자로 봐야 해석이 가능하다. 아브라함이 가나안에 도착 후 이스라엘 백성이 여호수아의 인도하에 가나안에 다시 도착한 것이 490년이요, 가나안 시절에서 이스라엘 첫 번째 왕 사울이 기름 부음을 받을 때까지가 490년이요, 바벨론 포로로 잡혀갈 때까지가 또 490년이다.

의미 있는 마지막 490년이 지난 후, (아담으로부터 시작된) 인류 모든 죄가 끝나고, 이상과 모든 예언이 다 이루어지며, 영원한 의가 드러난다. 490년을 세 구분하여 예언을 받았다.

〈1〉 첫 일곱 이레(즉 7×7=49년 후) ~ 바벨론 70년 포로에서 귀환 시, 성전 건축의 명은 받았으나 아직 예루살렘 성(城)을 중건하라는 명은 받지 못했다. 그러나 느헤미야가 아닥사스다 왕 20년(BC 445년)에 예루살렘 성 중건을 허락받음(느 2:5, 8). 느헤미야의 지시하에 성이 대략 완공된 해는 49년이 경과한 BC 396년이다.

〈2〉 다음 62이레(즉 62×7=434년 후) ~ 25절에 예루살렘 성의 중건의 영이 날 때부터 기름 부음을 받은 자 곧 왕이 일어나기까지(25)가 다음 434년임. 유대 달력은 1년이 365일이 아니라 360일이므로 AD 33년 3월 말일경, 십자가를 지시려 마지막 종려주일에 호산나 호산나 찬송을 받으시며 예루살렘 성에 입성(入城)하신 때. → 그 후 끊어져 없어짐(승천).

〈3〉 마지막 한 이레(즉 7년 대환란) ~ 예수님 재림 바로 전, 7년 대환란. 적그리스도의 前 3년 반은 26절, 後 3년 반은 27절.

10장 기도의 영적 전쟁

다니엘의 나이도 80대 중반으로 보인다. 다니엘은 바사 왕 고레스 3년에 세 이레(21일) 절식 기도로 큰 전쟁에 대한 이상을 깨닫는다.

지금 세상 전쟁은 ① 사랑이 식었기에, ② 서로 정욕대로 쓰려고, ③ **영적 전쟁**이다. 에베소서 6:12에 우리의 씨름은 혈과 육을 상대하는 것이 아니요, 통치자들과 권세들과 이 어둠의 세상 주관자들과 하늘에 있는 악의 영들에게 상대함이라. 그러므로 에베소서 6:13-20 구원의 투구…….

천사장이라 생각되는 이름은 가브리엘(Gabriel)과 미가엘(Michael)이 나온다. 가브리엘은 messenger이고, 미가엘은 천사 군대장관이다. 악의 영들의 대항도 대단하나, 마침내 하나님 군대가 승리하는데 이에는 우리의 금식, 회개 기도가 절대적이다.

바사 국군은 國軍이 아니라, 國君인 the prince of the kingdom of Persia라는 뜻으로 곧 멸망당할 이 어둠의 주관자 즉 하늘에 있는 악의 영이다.

《《《다니엘 시대의 주요 왕의 이름》》》

바벨론 --- 느부갓네살 벨사살

메대 --- 다리오

바사 --- 첫째 고레스 셋째 다리오 넷째 아하수에로(크세르크세스 1세, Xerxes)
다섯째 아닥사스다

헬라 --- 알렉산더
4왕국 중 북방 수(시)리아 --- 안티오쿠스 4세(구약의 적그리스도, 클레오파트라의 동생)

(로마) ---

11장 북방 왕(수리아)과 남방 왕(애굽) 그리고 (구약의) 적그리스도

11장에는 예언이 135가지라고 함. 다니엘 때부터 이후 약 200-400년 동안 예언이 구체적으로 되어 있으므로, 복잡하기도 하다. 유대인 박멸 운동은 바벨론부터 수차례 있었는데 ① 다니엘 6장의 사자굴 사건, ② 11장의 구약의 적그리스도 사건, ③ 에스더 시절 아각 사람 하만의 음모, ④ 로마의 대량학살, ⑤ 나치스의 대량학살 등이다.

1. (1-4절) 바사의 넷째 왕 아하수에로가 100만 대군을 이끌고 서쪽의 헬라를 공격했으나, 대패한 후 바사는 급격히 약해졌다. 장차 한 능력 있는 왕(헬라의 알렉산더)이 대단한 위력을 발휘하나 33세의 젊은 나이로 죽고 그 후손들도 다 살해당한다(최초의 동서양을 점령). 헬라가 지배한 넓은 지역을 알렉산더의 네 장군이 분할 지배한다.
2. (5-35절) 4지역 중 북방 왕국 수리아와 남방 왕국 애굽과의 치열한 전쟁이 벌어지며 이 틈에 이스라엘이 있고, 구약의 적그리스도가 시리아에서 나타나 유대인을 대량 학살한다.

① 북방(시리아) 왕이 애굽으로 쫓기어 남방(애굽) 왕의 도움을 받았으나, 후에 북방으로 복귀하여 힘이 남방보다 더 강해짐(5). 남방 왕이 자기 딸을 북방 왕에게 화친으로 시집보내는데, 북방 왕은 본처가 이미 있었다. 북방 왕이 본처와 (할 수 없이) 이혼함. 후에, 애굽 왕이 죽자 본처를 다시 왕궁으로 부르니, 본처가 남편 왕과 애굽의 공주와 그 몸에서 난 모든 왕자들을 다 죽이고, 자기 아들을 북방 왕으로 세움(6). 애굽에서는 그 공주의 남동생이 왕이 되어 살해당한 누나의 복수를 하기 위해 북방 왕에게 크게 승리하여 많은 것을 노략함. 북방 왕이 남방을 다시

공격했으나 실패함(7-9). 북방 왕이 또 남방을 공격하나 또 패하고, 북방의 다음 왕이 애굽을 쳐서 마침내 승리함(10).

② 남방 왕이 화가 나서 다시 북방 왕을 공격해서 크게 이기나 스스로 교만해져서 수만 명이 죽어 세력이 약해짐(11-12). 북방 왕이 준비를 많이 하여 남방을 재차 공격함. 이때는 이스라엘이 애굽의 속국이었으며 애굽의 호의를 많이 받았음. 그러나 이스라엘이 시리아와 함께 애굽을 치니 배은망덕의 강포한 자가 됨(14). 남방 군대가 도저히 북방 왕을 당할 수 없음(15).

③ 그러나 이때 서쪽의 로마가 동쪽으로 밀어오니까 북방 왕이 자기 딸(클레오파트라)을 화친의 목적으로 남방 왕에게 결혼시키어 애굽을 장악하려 함. 그러나 클레오파트라가 애굽 편을 드니 북방 왕의 계략이 실패함(16-17). 할 수 없이 돌이켜 로마와 맞서 싸웠으나 로마와 버가모의 연합군에 대패하고 후에 살해됨(18~19). 다음 왕도 죽음(20).

④ **구약의 적그리스도(시리아의 안티오쿠스 4세 에피파네스)** 다니엘 8장에 나오는 작은 뿔의 악한 자이며, 비천한 자이다. 20절의 前王이 죽었는데, 前王에게는 아들 둘이 있었다. 장자는 로마에 포로가 되었고, 차자는 아직 어리다. 그래서 삼촌인 안티오쿠스 4세가 어린 조카를 돕겠다고 시리아의 안디옥으로 돌아와 어린 조카를 죽이고 스스로 왕이 되었다(21). 그는 BC 170년, 대군을 이끌고 애굽을 격파한 후, 동맹한 왕(이스라엘의 대제사장 오니아스)과 동맹 관계를 깨고 그 왕을 죽임(22). 애굽에서는 누나인 클레오파트라의 두 아들(안티오쿠스의 조카)끼리의 치열한 왕권 투쟁으로 양다리 걸쳐 교활한 협정을 맺어 애굽을 손아귀에 넣으려 하고, 대가로 많은 노획을 한다. 즉, 외삼촌과 조카 사이에 치열한 전쟁과 파기된 조약의 연속이다. 안티오쿠스는 성소의 보화도 탈취하여 시리아로 돌아갔다(23-28).

그가 다시 로마와 지중해에서 격돌하나, 패하여 돌아오는 길에 예루살렘의 옛 언약을 파하고, 성소를 훼파하며 매일 드리는 제사를 폐하고 성전에 자기의 신 제우스 올림푸스 상을 세워 부정한 짐승 돼지 피로 제사를 드렸다(29-35). 유대의 경건한 자 중 마카비 가문에서 반란을 일으켜 많은 유대인이 학살당하나, 끝내 회복한다(수전절, 요 10:22). 구약의 마지막 때는 이와 같이 이스라엘이 북방 왕국과 남방 왕국의 틈바구니에 끼어 최대의 비극을 맞이했다.

⑤ **신약의 적그리스도와 마지막 전쟁**(36-41) 다니엘서의 마지막 한 이레의 부분이다. 신약의 '적그리스도' 라는 용어는 요한 일, 이, 삼서에 몇 차례 나오며, 시리아에서 태어날 것이며, 장엄한 얼굴(얼짱)과 정치적 경제적 언변술 등의 능력가이다. 스스로 높여 모든 신보다 높다 하며, 열조의 신(하나님)을 무시하고, 마귀 용을 섬긴다. 적그리스도는 많은 주변국을 섬멸하는데 에돔, 모압, 암몬, 애굽, 리비아, 구스 등이다. 피난처는 옛 르우벤 지파의 기업의 땅인 페트라 城이 될 것이다.

동북쪽에서 내려온 많은 군대와 싸우나 이기질 못한다(아마겟돈 전쟁, 계 16:16).

*** 적그리스도(살후 2:4; 계 13장 & 17장) ***

철저히 자기 뜻대로 함. 철저히 자기를 신격화함.

세력의 신을 숭배함. 마지막 전쟁의 원인자.

*** 악의 삼위일체 --- 사탄(용, 마귀, 옛 뱀), 짐승(적그리스도), 거짓 선지자 ***

12장 마지막 대환란의 때

호세아 --- 하나님의 짝사랑

호세아는 누구인가? 이름의 뜻은 예수, 여호수아, 이사야와 같은 "여호와는 구원" 이라는 뜻이다. 호세아의 아내는 고멜인데, 이는 부도덕한 이스라엘을 예표한다. 호세아는 고멜과의 사이에서 2남 1녀를 낳았다.

북 이스라엘에서 사역한 아모스 선지자 바로 후에 호세아가 사역함. 남 유다의 이사야 선지자보다는 약간 선배이다. 당시 북 이스라엘은 운이 좋은 강력한 여로보암 2세가 통치하고 있었다. 열방에는 북방에 아람과 힘을 상징하는 최대강국 앗수르, 그리고 남방에는 찬란한 문명과 예술의 상징인 화려한 애굽과 서쪽 해안에는 모험과 열정의 베니게(두로와 시돈)가 있었다. 당시 아람은 앗수르에 의해 세력이 많이 약해졌고, 최강대국 앗수르는 아라랏에 의해 세력이 대단히 약해졌기 때문에 여로보암 때 운이 좋게도 육적으로는 강대했으나, 영적으로는 아주 타락한 상태였다.

1장 ~ 음란하고 행음한 고멜(이스라엘). 이스르엘(子), 로루하마(女), 로암미(子) But(6)과 yet(7, 10)이 세 번 나옴. 한 **우두머리**(11) ~ One Head, One Ruler. 대표적 우두머리(왕)는 다윗일 것임. 그러나 다윗은 200여 년 前에 이미 있었으니, 한 우두머리는 the Christ를 말한다.

2장 ~ 아골 골짜기로 소망의 문을 달아 주리니. 장가, 장가, 장가(19-20)

3장 ~ 은 30에 사오라. Agape **무조건의 사랑**. 다른 남자를 따르지 말라.

4장 ~ 백성의 죄 진실(아멘), 인애(agape), θ을 아는 지식이 없음. 완강한 암소(16)

5장 ~ 지도자들의 죄 우상숭배(1), 살인(2), 음행(3), 교만(5).

이와 같이 호세아는 북 이스라엘의 거짓, 살인, 불성실, 우상숭배, 배은망덕, 탐욕 등을 꾸짖었다.

6장 ~ 여호와께 돌아가 힘써 알자.

음녀가 된 여자(3:1), 완강한 암소(4:16), 강도 떼(6:9), 화덕(7:7), 뒤집지 않은 전병(7:8), 어리석은 비둘기(7:11), 속이는 활(7:16), 즐겨 쓰지 아니하는 그릇(8:8), 들 나귀(8:9) 등으로 그들의 죄를 비유하고 있다.

역사적으로 호세아 선지 이후 북 이스라엘은 피의 숙청(4명 왕, 스가랴, 살룸, 브가히야, 베가)과 마지막 호세아 왕 때 앗수르에 비참한 멸망으로 이어진다.

그럼에도 불구하고 하나님께 돌아오라(14:1, 2)가 주제이다. 한 우두머리를 세우시고(1:11), 아골 골짜기에 소망의 문(2:15), 장가를 들어 주리니(2:19-20), 은 30에 사서(3:2), 사랑의 줄(11:4), 각종 풍성한 열매들(14:5-8)로 은혜와 인애, 그리고 회복의 약속을 하신다.

따라서 은혜 즉 사랑이란 하나님께서 자기 백성에 대한 사랑의 서사시이며, 음란한 고멜을 아무 조건 없이 은 30에 다시 사오라는 것이다. 우리가 죄와 사망의 값을 지불할 능력이 없으나 **대신 갚아 주는 사랑**. 십자가에서 "**I paid in Full**" 이라고 **구속(ransom)**을 선포하시는 주님의 눈물겨운 사랑 이야기이다.

θ께 돌아가자(6:1) -> θ을 알자(6:3) -> 말씀 가지고 여호와께로 돌아오라(14:2).

하나님을 '알자' 는 하나님을 깊이 '경험하자' 라는 뜻.

요 엘 --- 여호와의 때를 외친 오순절 선지자

요엘이란 "여호와는 하나님이시다." 사역 시기는 불분명하다. 단지 남 유다의 어린 요시야 때(?)
여호와의 날이란? 두렵고 떨리는 날이다. 세상 임금이 심판받는 날이다. 따라서,
① 주님의 영광 받으신 부활의 날 ② 성령의 영이 임한 오순절
③ 주님의 재림(깨어 있는가? 주님 맞이할 준비됐는가?) 등으로 본다.
축복이란 회개가 반드시 전제되어야 하며, 성령 받아 영, 혼, 육의 축복을 포함한 것이다.
회개의 촉구(1:1-2:17) ~ 자연적 경제적 재해로는 팥중이(chewing locust), 메뚜기(swarming locust), 느치(crawling locust), 황충(consuming locust) 등으로 포도나무 무화과나무가 하얗게 될 것이다. 먹을 것이 없어지며, 가축이 울부짖으리라(1:18).
회개의 대상 ~ 늙은 자들(1:2), 제사장들(1:13), 제단에서 수종드는 자들(1:13), 장로들(14)아!
금식하며 회개하며 부르짖으라.
회개의 결과(2:18-3:16) ~ 물질적, 영적 축복
자연적 locust들의 공격이 실제로 있었는지는 확실치 않다. 그러나 분명한 것은 잠깐 후에 있을 아람의 공격, 앗수르의 학살, 바벨론의 약탈, 헬라의 정복 등이 될 수 있을 것이다.

아 모 스 --- 현대에 절대 필요한 정의의 선지자

아모스는 남 유다의 시골 농부 출신이다. 농부로서 부름을 받아 북 이스라엘의 가장 강력했던 여로보암 2세에게 회개를 촉구하니 들을 리 전혀 없었다. 아모스의 사역 시기는 남북의 분열왕국 기간 중 두 왕국 모두 동시에 가장 부강할 때이었다. 남 유다는 막강한 웃시야 왕이다.
당시 북 이스라엘에는 참 선지자도 없고, 제사장은 이미 타락한 방종 상태이다. 아모스 직전 선지자는 오바댜, 요엘, 요나 등이며 바로 뒤 선지자는 호세아, 미가, 이사야 등이다.
아모스에게 결코 타협이라고는 없었다. 북 이스라엘 사람들은 이미 탐욕, 불의, 독선, 물질만능에 빠져 있었고 이를 비판하기란 절대 불가능했다. 북 이스라엘은 반드시 망한다고 외친 최초의 선지자이다. 특히 현대병인 타협 문제다. 사실 마귀를 대적해야지, 마귀는 타협이나 대화나 공존이나 혹은 이해해야 하는 상대가 되어서는 **결단코 결단코 안 된다.**
현대교회 안에 마귀가 들어와서 마음 놓고 활동하니 목회자의 입술에서 "성령 받아라, 귀신을 내 쫓아라, 방언을 받아라!" 등의 복음이 사라진 지 아주 오래되었고, 교회는 영적 생활은 무시된 채 사람 만나 교제하는 장소, 구제하는 곳으로 사회 봉사로만 사용되는 현실이다.
Main idea --- 이스라엘아! 네 하나님 만나기를 준비하라(4:12).
Ch 1, 2 : 8개국에 대한 심판(다메섹, 가사, 두로, 에돔, 암몬, 모압, 유다, 이스라엘)
Ch 3-6 : 3가지 설교 ① 3장 ~ 영적 기근 때문에 이스라엘은 반드시 망한다.
② 4장 ~ 술 취함으로 사마리아 여인들은 망한다.
③ 5장 ~ 무의미한 종교 행위
Ch 7-9:10 : 5가지 환상(메뚜기, 타는 불, 다림줄, 과일 광주리, 제단 곁의 주님의 환상)
Ch 9:11-15 : 위로의 약속(다윗 장막, 만국을 기업, 포로 귀환, 열매, 영원함)

오 바 댜 --- 에돔에 대한 유일한 선지자

이름의 뜻은 "여호와의 종" 혹은 "여호와의 예배자"라는 뜻.
용서나 회개 혹은 회복이라는 사랑의 message는 전혀 없음.
에돔은 야곱의 형 에서의 후손으로서 ① 영적 권세를 가볍게, 경멸한 점
② 북 이스라엘이 앗수르에 멸망할 때 방관했으며
③ 남 유다가 바벨론에 멸망할 때 기뻐했기 때문에

에돔에 대해서 특히 아래의 4가지 죄악을 지적하고 그렇기에 회복은 전혀 없다.
1. 교만(3) ~ 에돔은 바위 산성(수도는 셀라, 협곡의 천연 요새)을 피난처로 삼고 있었다.
계곡과 굴이 많고, 1 mile 고산 지대.
2. 수탈(6) ~ 욕심이다. 에서는 배에 욕심이 많아 팥죽과 장자의 명분(성령의 은사)을 교환했다.
욕심이 잉태한즉 죄를 낳고 죄가 장성한즉 사망. 욕심은 곧 우상숭배니라.
3. 포학(10)~ 폭행, 폭력(violence). 현대 영화에서 볼 수 있는 잔인무도한 상태.
4. 방관(12)~ 유다가 망하거나 힘들 때 침략자 편에 있었기에.

요 나 --- 하나님께 분노한 이방의 선교사

1. 요나의 이름은 "비둘기(은혜)"라는 뜻으로 John 혹은 Hannah와 동일한 뜻이다. 예수께서도 베드로에게 '요한의 아들' 혹은 "바-요나(요나의 아들) 시몬아!"라고 칭하셨다. 요나는 북 이스라엘에서 살았을 것이며, 이방(니느웨)에 파송된 원조 선교사이다.

2. 복음의 특징은 예수께 표적 보여 달라고 하니 "요나의 표적" "밤낮 사흘을 물고기……인자도 밤낮 사흘 동안 땅속에 있으리라"(예수의 죽으심). 요나보다 더 큰 이가 여기 있다(마 12:39-41). 요나의 복음은 예수 그리스도의 죽으심(바다 속으로), 장사됨(물고기 배 속으로), 부활(육지로 토해냄)로서, 이는 표적 중 가장 큰 표적이다.
또한 비록 이방인이라 해도 하나님의 사랑에는 제한이 없다는 것을 알려준다. 1장에 but이 4번(3, 4, 5, 13절) 기록된 불순종했지만, 기타 폭풍, 선원, 물고기 등 다른 모든 것은 하나님께 순종했다. 4장에서 요나가 하나님께 매우 싫어하고 성내며(1), 사는 것보다 죽는 것이 더 나으리라(8), 내가 성내어 죽기까지 옳다(9) 등은 요나도 우리와 똑같은 죄악된 인간 모습이다. 특히 2장에서의 요나의 절박함은 우리에게 기도의 sample이 된다(요약집 결론 3). 부르짖는 기도이다. 너희는 내게 부르짖으라, 내가 응답하겠고……(렘 33:3). 히스기야에게 내가 네 눈물을 보았고, 네 기도소리를 들었다(왕하 19:20, 20:5).

3. 요나는 북 이스라엘의 여로보암 2세의 초기 때 사역했다. 아모스, 호세아보다는 선배이다.
'요-나 때문' '마침' 'but' 등의 단어가 돋보인다.

미 가 --- 평민을 위한 선지자

1. 미가라는 이름은 "주와 같은 신이 어디 있으리오?" 라는 뜻이다. 미가도 유다 시골 출신으로 타락한 제사장, 사리사욕에 눈이 어두웠던 관리들을 신랄하게 비판하였다. 반면 이사야는 왕족임. 미가는 남 유다의 요담, 아하스, 히스기야 때 활동했다. 즉 북 이스라엘의 멸망 바로 전(前)이고, 북 왕국의 호세아와 남 유다의 이사야 선지자와 동시대이다. 즉 BC 700년경이다.
   복음의 특징은 메시야의 출생지가 베들레헴이라는 것을 예언했다(5:2). 메시야 탄생이 극히 작은 고을에 불과한 것같이 미가는 학대받고 착취당하며 의롭게 살려는 평민을 위한 선지자이다. 부패한 관리, 거짓 선지자, 타락한 제사장, 속이는 상인들의 죄를 지적한다.

2. 1-3장은 하나님의 심판, 4-7장은 하나님의 긍휼이다.
1) 이스라엘(사마리아)도 멸망할 것이고(1:6), 유다도 바벨론의 포로가 될 것이다(3:12, 4:10). 이는 우상숭배, 부당한 착취, 약자를 탈취, 신앙의 타락 및 불신, 지도자들의 불의 등 때문이다.
2) 그럼에도 불구하고 미가와 이사야의 날카로운 지적으로 히스기야 왕이 전면적 종교개혁을 일으키고, 앗수르와 싸워 이겼을 것이다. 왕국의 회복(4:1-5), 쫓겨났던 자들을 불러 모아 다스린다는 것(4:6, 5:1), 바벨론에서 구원을 얻게 된다(4:10), 그리고 장차 오실 왕국의 통치자를 언급한다(5:2-15).
3) 역경을 통해 회복됨에는 하나님의 justice, free, grace, peace, love가 된다.

나 훔 --- 니느웨에 멸망만을 선포한 선지자

약 100-150년 전 선지자 요나가 죄악의 도성 니느웨에 회개의 복음을 전하자 회개의 역사가 일어났다. 요나 때는 앗수르가 강력하여 니느웨를 자주 괴롭힐 때이기도 했다. 그러나 100여 년이 지난 지금 니느웨는 다시 불법, 우상숭배 및 교만의 죄가 팽배하여 앗수르에 흡수되더니 후에 살만에셀이 북 이스라엘을 잔인과 공포로 멸망시켰다. 그러나 나훔의 멸망 message, 20년 후 그들도 바벨론에 피비린내 나는 멸망을 당하게 된다. 따라서 니느웨는 하나님의 심판만 있을 뿐 특별한 **용서 또는 예수 그리스도의 예표는 전혀 없다.**

즉 한 번 빛을 받고 하늘의 은사를 맛보고, 성령에 참예한 바 되고, 하나님의 은혜를 받았으나, 다시 타락한(**배은망덕**) 자는 회개케 할 수가 없는 것이다(히 6:4-6). 하나님의 은혜인 요나의 전파로 회개해서 구원의 길에 들어섰으나, 이를 무시하고 이스라엘을 멸망시키니, 하나님 자신이 니느웨의 대적이 되어서(2:13) 니느웨의 종말을 고할 것이다.

하박국 --- "믿음으로 살라" 고 외친 선지자

하박국 선지자는 남 유다의 마지막 종교 개혁가 요시야 왕이 죽은 후, 국운은 급격히 기울고, 멸망 바로 직전 너무나도 어둡고 타락한 우왕좌왕하던 시절에 사역했다. 마치 대한제국이 미국, 소련, 중국, 일본 등의 눈치를 (성사되는 것은 아닌데) 심각히 볼 때와 흡사하다. 스바냐, 예레미야와 같은 시대라 봐야 한다.

하박국은 하나님께 세 가지를 질문한다. ① 우리 민족이 이렇게 당하는데 하나님은 어찌하여 계속 침묵하십니까? ② 하나님 꼭 그렇게 징계하셔야 합니까? ③ 하나님의 선민이 왜 그렇게 악한 바벨론에 침략당해야만 합니까?

이에 대한 하나님의 응답은 ① 의인은 (오직) 그 믿음으로 살리라(합 2:4; 롬 1:17; 갈 3:11; 갈 10:38). ② 물이 바다를 덮음같이 여호와의 영광이 세상에 가득하리라(2:14). ③ 3장에서 하박국은 하나님의 구원(3:13, 18)에 감사하는 찬양을 드린다.

하박국은 하나님과 대화하는 성경이다. 하나님의 응답에는 ① "아니다" 하시면서, 우리의 생각과는 전혀 다른 방법으로도 응답하실 때가 있다. ② "좀 더 기다리라" 라고 no answer가 있을 수도 있다. ③ 그러나 거의 대부분 원망 불평하지 말고 믿음으로 굳게 서서 "내가 다 네게 이미 주었으니 일어나 극복하여 취하라" 라고 응답하시는 경우가 대부분이다.

스바냐 --- 종교개혁을 일으킨 선지자

스바냐는 유다의 마지막 선한 왕 요시야 때, 종교개혁 바로 前에 사역했다. 아마도 스바냐가 요시야의 종교개혁에 결정적인 역할을 한 것으로 보인다. 선지자 사역 순서는 대략 스바냐, 예레미야, 하박국 순으로 봐야 할 것이다. 스바냐가 신실한 왕 히스기야의 현손(1:1)이니, 요시야 왕과는 8촌 이내의 형제로서 왕족 출신이다.

중심 사상은 여호와의 날이다. 습 1:15과 3:15은 예수님의 종말론과 일맥상통한다. 마 24:29에 그 날 환난 후에 즉시 해가 어두워지며 달이 빛을 내지 아니하며 별들이 하늘에서 떨어지며…….

복음의 특징은 3장의 남은 자에 대한 구원의 메시지이다.

1. 남은 자의 자격으로는 ① 여호와의 이름을 부르는 자(3:9) ~ 롬 10:10, 13
   ② 온유하고 겸손하여 중생한 자(3:11, 12) ~ 마 11:29
   ③ 거룩함을 추구하는 자(3:13) ~ 혀를 길들인 자
2. 남은 자의 특권으로는 ① 하나님을 찬양하는 특권(3:14)
   ② 하나님의 놀라운 격려를 받음(3:16, 17)
   ③ 하나님의 약속을 붙들고 살 수 있음(3:18-20) ~ "I(God) will" 이 7번 나옴.
3. 결국 유다를 징계하시고, 이방을 심판하시나, 남은 자는 구원에 참예케 된다.

학 개 --- 성전 복구를 외친 선지자

학개(1차 귀환)는 바사국 고레스의 칙령 후 스가랴, 말라기와 함께 포로 귀환한 3명의 선지자 중 한 명이다. 또한 고레스는 성전 복구를 허락했다. 총독 스룹바벨(당시 대제사장은 여호수아)의 인도 하에 남은 자들과 함께 바사에서 돌아와 예루살렘의 허물어진 성전 복구를 위해 사역했다. 성전 재건의 공사가 시작했으나, 1년 만에 사마리아인들의 방해(총독권을 빼앗기므로)와 유대인들의 나태함으로 중단되었다. 중단된 지 15년 만에 바사의 다리오 왕 때, 학개 등이 성전 재건을 끝마치도록 촉구하였다. 스룹바벨의 계보로 예수께서 탄생하신다(마 1:12).

학개는 4편의 설교로 구성되어 있다.

① 성전을 재건하라(1:1-11). ② 굳세게 일하라(2:1-9). ~ θ께 대한 마음의 표시

③ 순수하게 드리라(2:10-19). ④ 그리하면 받는 축복(2:19-23) ~ 심령의 부흥

구약의 성전은 눈에 보이는 그림자인 건물 자체이며, 오실 메시야의 예표이다. 그러나 신약에서 오신 예수께서 친히 보이지 아니하는 그리스도의 몸이요, 성도가 예수의 지체요, 성전이다.

솔로몬 성전 → 스룹바벨의 제2성전 → 헤롯 성전 → 그리스도의 몸 → 성도

특별한 축복---모든 나라의 보배(2:7, the Desire 정관사와 대문자) 나중 영광(2:9)

스 가 랴 --- 메시야의 영광이 성전에

스가랴는 예레미야와 에스겔과 같이 제사장 출신이다. 스룹바벨과 대제사장 여호수아와 함께 1차 포로 석방자이다. 학개와 같은 시대에 비슷한 message를 전했으나, 학개보다는 좀 더 부드러운 성격인 것 같다. 학개는 성전의 건물 자체를 많이 강조했으나, 스가랴는 **성전, 특히 마음 성전의 재건**을 외치며, 이사야와 같이 예수 그리스도의 초림, 재림에 대한 8가지 복음적 환상과 예언이 많다. 4편의 메시지, 그리고 두 가지 경고를 들어 이스라엘 백성들에게 그리스도의 구속계획을 예언하고 있다.

환상의 복음으로는,

1) 말 탄 자의 환상(1:1-17)~열국은 평온하고 안전한데, 예루살렘은 황무하다. 그러나 다시 회복.
2) 뿔과 대장장이(craftsmen)의 환상(1:18-21) ~ 유다를 친 뿔(힘)들을 대장장이들이 제거하리라.
3) 측량줄(a measuring line)을 쥐고 있는 사람(2:1-13)~지금은 황폐되었으나, 후에 예루살렘이 놀랍게 평화 번성하리라. 시온의 딸들아! 노래하고 기뻐하라.
4) 여호수아의 환상(3장)~ 대제사장 여호수아에게 깨끗한 새 옷을 입혔으니, 예루살렘도 장차 속죄의 은혜를 입으리라.
5) 금 촛대와 두 감람나무의 환상(4장) ~ 하나님께서 성전 건축에 결정적인 사역자 여호수아와 스룹바벨의 두 감람나무가 되어 그 손(능력)을 보시고 기뻐하신다.

6) 날아가는 두루마리 환상(5:1-4)~ 하나님께서 이스라엘을 깨끗게 하시려고 율법인 두루마리를 통해 마음에 영적 부흥을 일으키신다.
7) 에바(basket)에 앉아 있는 여인의 환상(5:5-11)~이스라엘의 악을 에바 속에 넣어 옮겨 버림.
8) 네 병거의 환상(6:1-8) ~ 병거를 타고 적군들과 치열하게 싸워 궁극적으로는 하나님의 뜻을 만천하에 알리고자 하는 하나님의 경륜.

스가랴는 비교적 짧은 성경이나, 많은 부분에서 약 400년 후에 오실 그리스도를 예언하고 있다. 여호와의 천사(3:1), 의로운 순, 내 종 싹(3:8), 일곱 눈을 가진 돌(3:9), 다스리는 제사장(6:13), 겸손한 왕(9:9, 10)의 예루살렘 입성, 모퉁잇돌, 말뚝, 싸우는 활(10:4), 은 30에 팔린 선한 목자(11:12), 찔림 받은 자(12:10), 죄를 씻어주는 씻는 샘(13:1), 두 팔 사이의 상처(13:6), 버림받은 목자(13:7), 의로운 왕이시며 장차 오실 심판자(즉 승천과 재림, 14장) 등으로 증거하고 있다.

요절은 "이는 힘으로 되지 아니하며 능으로 되지 아니하고 오직 나의 영으로 되느니라" (4:6).

말 라 기 --- "엘리야를 보내주신다" 고 외친 선지자

포로 귀환 후, 약 100년이 경과되었다. 성전은 대강 복구되었고, 성벽, 성문도 그럭저럭 완성되었다. 그러나 그들에게 특별한 축복이나 신앙의 변화는 보이지 않고 늘 형식적인 제사만 드릴 뿐이다. 말라기 1, 2장은 회개를, 3, 4장은 회복 및 소망의 message이다. 주님과 세례 요한의 첫 메시지가 "회개하라 천국이 가까웠느니라!" 인데 그와 동일하다.

말라기는 문답식으로 ① 백성들 사이에 불신과 악습이 만연했고, ② 주의 이름을 멸시하는 제사장들의 타락(1:6-8)으로 불성실한 예배와, ③ 십일조(3:8-10) 및 예물을 도둑질하여 남으면 드린다는 식, ④ 여호와와 이혼하고, 이방 여인들과의 결혼(2:11, 16)한 것 등을 신랄하게 비판하고 있다.

복음적 특징은 **치료하는 광선**(4:2)은 하나님 이름을 경외하는 자에게, 마지막 날 전에 선지 엘리야를 보내주신다. 세례 요한은 엘리야와 같은 사람이다(눅 1:15). 세례 요한이 회개의 복음을 전한 것같이 엘리야도 예수님 재림 바로 직전에 다시 와서 주의 길을 예비하게 된다.

세례 요한이 앞에 와서 그분의 길을 예비할 것(마 11:10-11, 여자가 나은 자 중 요한이 가장 크다 그러나 천국에서는……)과 예수께서 공의로운 해의 치료하는 광선이 되셔서 온 천하를 비추신다.

신구약 중간사 --- 신앙의 암흑기

구약의 마지막 선지자 말라기부터 신약을 open하는 침례 요한(주님 오시기 바로 前)까지의 약 400년간을 신구약 중간사(中間史)라 한다. 이때는 하나님이 보내신 선지자도 없었고, 성경도 없었기에 암흑시대라고도 한다. 말라기 4장과 신약의 마태복음 1장과는 1쪽 차이인데 약 400년이 암담한 가운데 흘러갔다. 신구약 중간에 이스라엘은 국내외적으로 어려움과 혼란이 더욱 심했다.

1. 국외적 대국의 패권다툼(4대 강국)

① 바벨론(Babylon) 시대 --- BC 586년 유다 왕국이 바벨론에 포로가 됨. 바벨론의 마지막 왕 벨사살이 바사(페르시아)의 고레스(다리오 1세) 왕에게 패망함.

② 페르시아(Persia) 시대 --- BC 400~331년. 고레스(다리오 1세), 아하수에로, 아닥사스다 1세, 다리오 2세, 아닥사스다 2세, 다리오 3세 왕. 유대인들은 성경 용어로는 히브리어를 사용했으나, 일상 공용어로는 아람 방언이 사용됨. 그러나 헬라 문화가 들어오기 시작함.

③ 그리이스(헬라, Greece) 시대--- BC 331~63년. 헬라 문화가 이미 페르시아에 영향을 끼친 후 아리스토텔레스의 제자 젊은 알렉산더가 바사국을 멸망시키고, 인도에서 북 아프리카까지 점령한다. 이어 헬라는 분열되었고, 이에 대항하기 위해 유대인들이 마카비 혁명을 일으켜 성전을 청결케 한다.

④ 로마(Rome) 시대 --- BC 63년 이후. Italy의 로마 소도시를 중심으로 스파르타의 군대가 프랑스 등 중유럽부터 그리스가 점령했던 곳을 재점령한다. BC 63년 폼페이 장군이 예루살렘을 점령한다.

2. 국내적 혼란의 이권 다툼

① 산헤드린 공회 --- 장로, 귀인, 방백들로 구성된 유대인 최고 자치 의결 기관이다. 요즈음의 의회 정도이며, 대단한 권세를 가지고 있다. 회원은 서기관, 바리새인, 율법사 등 70명에 당시 대제사장이 포함되어 총 71명이다. 니고데모, 아리마대 요셉, 사울(사도 바울) 등.

② 서기관, 율법사, 랍비 --- 세계 각처로 흩어진 유대인(디아스포라)들을 회당이라는 곳에서 율법을 기록(서기관)하고, 율법교육안을 작성(율법사)하여 가르친 교사(랍비)이다. 이들은 헬라 문화에 저항하기 위해 율법 연구에 몰두했던 자들이다.

③ 바리새인 --- 의미는 나실인과 같은 '분리된, 구별된' 이란 뜻이다. 마카비 혁명에 가담한 무리이며, 엄격한 율법주의자들이다. 부정한 것, 안식일, 먹는 것 등을 엄격하게 지킨 자들.

④ 사두개인 --- 바리새인과는 반대로 부활이나 영적 존재를 믿지 아니하며, 현실주의자.

3. 신앙적으로 기여한 면

① BC 260년 구약의 히브리어 성경이 헬라어로 번역됨(일명 70인 역이라 함).

② BC 175년 외경이 완성됨(외경은 정경 66권 이외의 책이며, 가톨릭에서 사용함).

③ BC 165년 성전에 우상을 없애고 새 제단을 봉헌함(봉헌절, 수전절, 요 10:22).

④ BC 헤롯(에돔 사람)이 예루살렘의 분봉왕으로 취임함. 환심을 사기 위해 성전을 재건함.

신약 편

성경속독 기록표

교회 : 성명:

일자	성경 장(章)	분 : 초	일자	성경 장(章)	분 : 초

성경속독 기록표

교회 : 성명:

일자	성경 장(章)	분 : 초	일자	성경 장(章)	분 : 초

마태복음---왕의복음

1. 마태는 누구인가?

마태는 세리였기에 동족인 유대인으로부터 원한을 받았다. 당시 남자 죄인은 세리였고, 여자 죄인은 창기였다. 그러나 그는 예수께서 부르실 때 즉각적으로 따라간 12제자 중 하나이다.

2. 복음의 특징

마태는 예수를 유대인의 **왕**으로, 구약에서 증거하는 오실 메시야로 묘사한다. 예수님의 족보, 침례 받으시는 상황, 말씀 선포, 초자연적 권세(기적) 등을 기록하고 있다. 특히 '하늘나라' 를 무려 32회나 사용하며, 메시야로서의 예수의 권위, "선지자로 말씀하신 바……" 등을 초점으로 한다.

또한 예수를 선지자 차원을 벗어난 선지자요, 만왕의 왕이시요, 인자(the Son of Man)이시며, 여호와의 종, 다윗의 자손 등으로 표현하고 있다.

3. 주요 Outlook

마태복음에는 3가지 주요 가르침(설교)이 있다. 산상수훈(5, 6, 7장), 하늘나라의 비유(13장), 종려 주간에 감람산에서의 종말훈화(23, 24, 25장) 등이 그것이다.

7장의 산상수훈을 마친 후, 말씀으로만 마친 것이 아니고, 왕으로서의 위엄 및 권세를 나타내기 위해서 8, 9장에 약 10가지 초자연적 기적을 행하신다. 예를 들어 각종 질병치료, 귀신 추방, 바다 위를 걸으심, 죽은 자를 살리심 등이 그것이다.

어떤 면에서는 기적을 통하여 믿는 자와 불신자가 나뉜다고 생각할 수 있다. 불신자나 서기관 혹은 바리새인은 스스로 의인이라 생각하지만, 그래서 안식일에 병 고치는 것을 반대하여 예수를 십자가에 죽게 한다. 그러나 예수를 믿는 무리는 일반적으로 죄인이라 칭함을 받고 below average 수준의 사람들이다.

아마도 가장 확실한 고백은 "주는 그리스도시요 살아계신 하나님의 아들이시니이다"(16:16)일 것이다. 이후부터 예수의 사역, 종교 지도자들의 핍박 및 고난, 십자가에서 죽으심, 죽은 자 가운데 부활하심, 부활하신 후의 영광 등이 기록된다.

주목할 말씀: 성경도, 하나님의 능력도 오해했다(22:29). 살아 있는 자의 하나님이시다(32).

23장의 종말론에는 "화 있을진저"가 7번 나온다. "뱀들아 독사의 새끼들아!"(23:33).

24장 종말론은 제자들의 질문과 주님의 답변이다. 끝까지 견디라(13). 기도하라(20). 미혹 당하지 말라(24). 깨달으라(39). 깨어 있으라(42). 때를 따라 양식(말씀)을 나눠주라(45).

25장 종말론은 성도의 마음자세이다. 기름(성령을 뜻함)을 준비하라(4). 깨어 있으라(13). 작은 일에 충성하라(21).

마가복음 --- 종의복음

마가는 예수께서 **종**으로 오심을 강조하여, 예수의 가르치심, 설교하심, 그리고 치유 등으로 십자가에 죽으실 때까지 다른 사람을 섬김의 모범을 보이심을 묘사한다. 따라서 마가복음의 중심은 "인자의 온 것은 섬김을 받으려 함이 아니라 도리어 섬기려 하고 자기 목숨을 많은 사람의 대속물로 주려 함이니라"(10:45)이다. 저자 마가는 '마가라 하는 요한' 으로 바울은 1차 전도 여행 시 마가를 데리고 갔으나 선교 도중 예루살렘으로 돌아와, 바나바와 바울이 심히 다투게 됐다(행 15:39). 그러나, 후에 바울이 마가를 "저가 나의 일에 유익하니라"(딤후 4:11)고 함. 바울이 로마에 투옥됐을 때 마가도 함께 있었다(골 4:10).

마가복음에는 '즉시' 또는 '곧' 이 많이 나오며, 기적이 18회나 기록된 것으로 보아 구약을 거의 알지 못하는 이방인을 대상으로 쓴 것 같다. 예수는 종으로 오셔서 많은 고난을 받고 십자가에 죽으실 것을 제자들에게 계속 가르치심으로 제자들을 강하게 하신다. 특히 11장부터 끝장(16)까지 많은 부분을 유대인들이 종이신 예수를 거부하여 예수는 고난받으시고 하나님의 능력으로 부활하시는 단 8일간의 역사를 다룬다. 예수께 대항한 무리는 대제사장, 서기관, 장로, 바리새인, 헤롯당, 사두개인 등 소위 종교지도자들이다.

누가복음 --- 인자(人子)의 복음

누가는 마치 가정 주치 의사같이 예수의 온유함과 다정다감한 면을 많이 부각시키어 예수께서 "잃어버린 자를 찾아 구원하려 함이라"(19:10)는 면모를 강조한다. 의사 누가는 사도행전의 저자이기도 하다. 누가복음과 사도행전 두 권은 '데오빌로' 에게 보낸 글이며, 사도행전은 누가복음의 계속된 글로 봐야 한다. 의사답게 누가는 누가복음을 처음부터 상세히 기록했다.

누가는 예수를 **인자**로 표현했다.

① 1:1-4:13까지는 족보, 탄생, 침례 받으심, 광야 40일 금식 등 개인 사역에 관해 기록한다.

② 4:14-9:50은 인자의 사역으로 구원자로서의 권위를 기록하고 있다. 전도하심, 가르치심, 제자들을 양육하심 등이다. 사탄을 굴복시키심, 질병 치료, 초자연적 역사, 죄의 사유, 모든 백성을 지배하심 등에서 그리스도의 권위가 나타나 있다.

③ 9:51-19:27까지는 예수를 따르는 무리는 믿음이 점차 성장하는 반면, 세상 중심인 당시 유대 종교지도자들은 예수를 더욱 배척함을 다룬다. 특히 15장 잃어버린 영혼(잃은 양, 잃은 드라크마, 탕자)을 찾으시는 주님의 간절한 심정이 잘 나타난다.

④ 19:28-끝. 예수께서 마지막 주에 예루살렘에 입성하시어 예루살렘의 멸망을 예언하신다. 겟세마네에서의 기도와 가룟 유다의 배반, 베드로의 부인, 체포당하시고, 종교적 및 사회적으로 문란의 죄목으로 십자가에 못 박히신다. 그러나 부활하신다. 잡히신 이유는 **① 안식일에도 일하셨고, ② 자신이 하나님과 동일하다**고 하셨기 때문이다.

요 한 복 음 --- 왜 요한복음을 기록했는가?

1) '진실로 진실로' 의 복음서 - 약 24차례 정도 기록함. 너무나도 확실하다. 부활하신 지 약 30년 후, 영지주의자 등 이단자들, 많은 거짓 선지자들, 자유주의자들이 난무하여, 복음을 비판했다 함. 특히 공회원인 니고데모와 아리마대 요셉을 등장시킴은 그들이 유대 사회에서 상당한 실력자이기에 그 어느 누구도 그들을 부정할 수 없는 확실성을 주기 위한 것이라 생각됨.
2) '내 때' 의 복음서 - "주님의 때" 이때는 어느 때일까? 약 7차례 나옴. 때는 주님께서 영광받으시고 부활하신 때라고 보는 것이 가장 적절하다. 예수님의 고난주간(13-20장)부터 부활 후 약 10일간의 사역에 요한복음 분량의 약 40%를 할애함.
3) AD 68년 경 기록되었다고 하니, 이미 공관복음서를 본 후에, 사도 요한이 믿은 지 45년 만에 쓴 믿음의 결정판이며, 예수를 가장 가까이서 본 사도가 쓴 복음서로 봐야 함.

4) 요한이 복음서를 기록한 목적(요 20:30-31)은 우리에게 생명을 얻게 하려 함. 어떻게 얻나? 예수께서 그리스도이심을 믿어야 함. 위인들 중 누가 예수인 줄 알게 되나? 표적을 보면 앎.
성경을 볼 때 '어떻게?' 라는 각도로 보지 말고, '왜?' 라는 각도에서 봐야 함.
왜 귀신을 쫓아내셨나?
   ① 물이 포도주로 됨(2장) → 무슨 말씀을 하시든지 그대로 하라. → 제자들이 믿게 됨.
   ② 왕의 신하의 병(4:46-) → 병을 고쳐 주소서 → 자기와 온 집안이 다 믿게 됨.
   ③ 베데스다의 38년 된 병자(5장) → 네가 낫고자 하느냐 일어나 네 자리를 들고 걸어가라. 예수께서 안식일을 범했으며, 자기를 하나님과 동등하다 하여 죽이려는 무리가 생김(5:18)
   ④ 오병이어(6:1-15) → 이는 참으로 세상에 오실 그 선지자(the Prophet)라. 행하신 약 37가지 기적 중 오병이어만이 4복음서에 모두 기록된 유일한 표적이다.
   ⑤ 바다 위를 걸으심(6:16-21). 내니 두려워 말라.
   ⑥ 나면서 소경 된 자를 고치심(9장). → 실로암 못에 가서 씻으라. 그가 출교당한 후 찾아가심→ 네가 인자를 믿느냐? 내가 믿고자 하나이다. 예수를 믿음(35-38).
   ⑦ 죽은 지 나흘 된 나사로를 살리심(11장) 예수께서 두 여동생 마르다와 마리아에게 지금 살아날 것을 믿게 하신 후, 무덤 앞에서 "돌을 옮겨라. 나사로야 나오라. 풀어 놓아 다니게 하라." 이 일을 본 많은 유대인이 저(예수)를 믿었으나(45), 다른 이들은 고소함(53).
   ⑧ 물고기 153마리를 잡게 하심(21장). 그물을 배 오른편에 던지라. 그리하면 얻으리라. 당신이 누구냐 감히 묻는 자가 없음.

특히 8가지 표적 중 오병이어(6장)와 바다 위를 걸으심(6장) 등 2가지 표적을 제외한 나머지 6가지 표적은 요한복음에만 유일하게 기록되어 있다. 표적을 통해 예수가 그리스도임을 알아 그 이름을 믿어서 생명을 얻게 하려고. 이것저것 듣지 말고.
14, 15, 16장은 성령론/// 17장은 겟세마네의 대제사장 기도/// 영적, 독수리, 청색 복음

예수님의 사역 일정

30세 이전과 예수님 개인 사역

1. 베들레헴에서 탄생하심. 예루살렘 성전에서 할례 받으심. 애굽으로 피신하심.
2. 애굽에서 나사렛으로 돌아오셔서 나사렛에서 성장하심.
3. 예루살렘과 나사렛을 오가시며 목수의 일을 하심.
4. 요단 강으로 가셔서 세(침)례 요한에게 세(침)례 받으심. 하늘 문이 열림. 삼위일체 하나님.
5. 유대 광야에서 40일 금식기도 중, 사탄에게 시험 받으시고 이기심.

초기의 공적 사역(30–31세)

1. 베다니로 가셔서 다섯 제자를 부르심(요 1:35-51).
2. 가나 혼인 잔치에서 물을 포도주로 만드심(가나에서의 첫 표적).
3. 공적 첫 유월절을 맞이하여 예루살렘으로 가셔서 첫 성전 청소하심.
   공회원 니고데모에게 물과 성령으로 거듭날 것을 말씀하심.
4. 유대에서 갈릴리로 가시는 중, 수가 성에서 사마리아 여인과 대화하심.
   여인이 변화받아 신약의 첫 전도자가 됨(구약의 마지막 전도자는 침례 요한).
5. 가나에서 왕의 신하의 아들의 병을 고치심(갈릴리의 두 번째 표적).
   침례 요한이 옥에 갇힘.
6. 갈릴리 지역을 다니시며 복음 전파를 하시니 반대자들도 많이 생김.
7. 가버나움에서 죄 사함을 허락하시며, 중풍병자를 고치심.
   예수가 이단이라고 했던 3가지 이유들은 예수께서 하나님만이 하실 수 있는 죄 사함을 준다. 하나님의 아들이라 하여 자칭 하나님이라 하며, 안식일에 일함으로 이를 범했기 때문이다.
8. 예루살렘의 베데스다 연못에서 38년 된 병자를 고치심.
   12제자를 세우심.
9. 나인 성 과부의 아들을 살리심.
10. 갈릴리 바다 건너가시던 중, 파도를 잠잠하게 하심.
    갈릴리 동편의 거라사에서 귀신을 쫓아내심.
11. 다시 가버나움으로 오셔서 회당장 야이로의 딸을 살리심.

예수님의 사역 중반기(약 32세쯤)

1. 갈릴리에서 계속 복음을 전파하심. 벳새다 광야에서 5병2어로 5천 명을 먹이심.
2. 베니게의 수로보니게 여인의 딸을 고치심.
3. 거라사인의 데가볼리에서 귀신 들려 벙어리 되고 귀먹은 자에게서 귀신을 쫓아내시며 온전한 치료를 하심.
4. 데가볼리에서 7병2어로 4천 명을 먹이심.
5. 배 타시고 벳새다 근처에서 맹인을 고치심.
6. 가이사랴 빌립보의 변화산(헬몬산)에서 변화되심. 베드로의 신앙 고백.

예수님 사역 경로

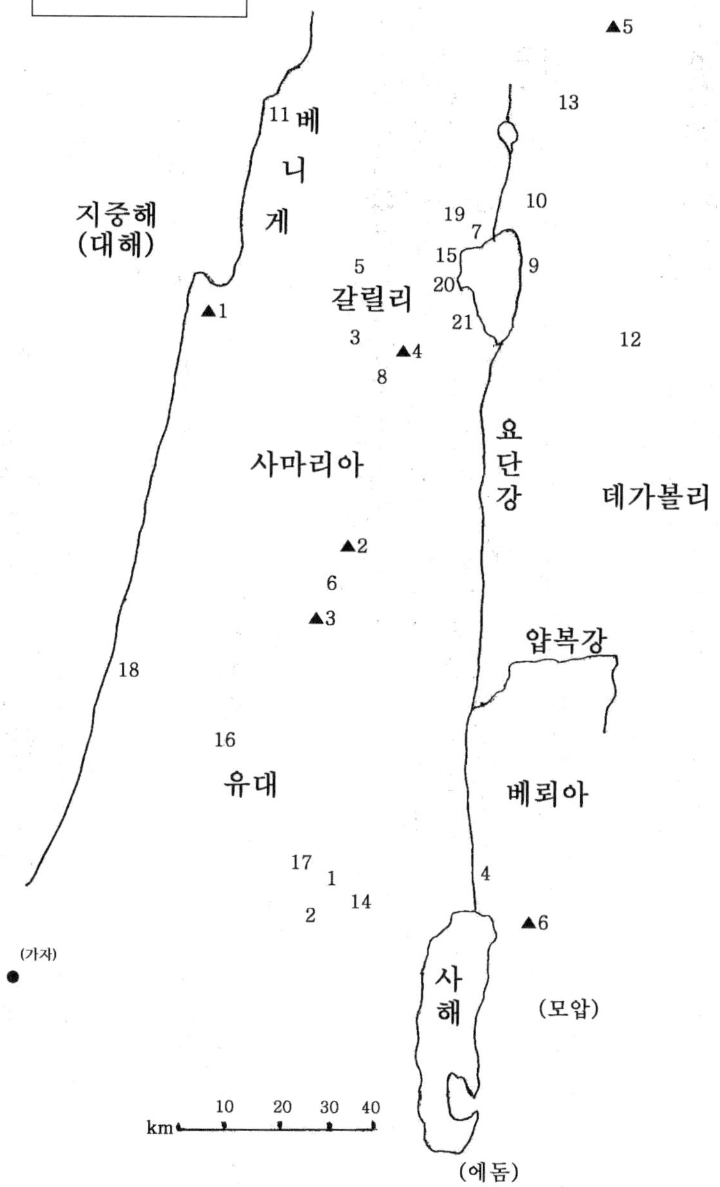

<u>성읍 명칭</u>

1. 예루살렘
2. 베들레헴
3. 나사렛
4. 베다니
(베다바라)
5. 가나
6. 수가
7. 가버나움
8. 나인
9. 거라사
10. 벳새다
11. 두로
12. 데가볼리
13. 가이사랴
빌립보
14. 베다니
15. 게네사렛
16. 아리마대
17. 엠마오
18. 욥바
19. 고라신
20. 막달라
21. 디베랴

<u>산 명칭</u>

▲1 갈멜산
▲2 에발산
▲3 그리심산
▲4 다볼산
▲5 헬몬산
▲6 느보산

7. 산에서 내려오시며 귀신 들린 소년을 고치심.
8. 가버나움을 거쳐 사마리아로 오신 후 10명의 나병병자를 고치심.
9. 다시 예루살렘으로 오셔서 맹인을 고치심.

예수님께서 십자가를 지심(약 33세)

1. 베다니로 오셔서 죽은 나사로를 살리심.
2. 베뢰아에서 귀신 들려 꼬부라진 여인을 고치심.
   예수께서 어린아이들을 축복하심.
3. 예루살렘에서 맹인 바디매오를 치료하심.
   나사로와 마르다의 여동생 마리아가 예수께 향유를 부으며 예수의 장사를 준비함.
4. 나귀 새끼를 타시고 십자가를 지시려고 예루살렘에 입성하심.
   예루살렘 성전에서 두 번째 청소하심. 무화과나무를 저주하심. 종말론 강해하심.
5. 잡히시기 전날 밤, 다락방에서 12제자와 함께 최후의 만찬을 가지심. 가룟 유다는 떠남.
6. 최후의 만찬 직후, 성령론을 강해하심(요 14-16장).
7. 겟세마네 동산에서 최후의 대제사장 기도를 하심(요 17장).
8. 체포되셔서 대제사장 가야바에게 끌려가심(서기관과 장로들도 함께 있었음).
9. 빌라도에게 압송되심. 헤롯에게 끌려가셨다 다시 빌라도 앞에서 십자가 형이 확정됨.
10. 갈보리 산(모리아, 골고다, 해골이라는 뜻)으로 십자가를 지고 가심.

십자가에서의 사건들

1. 제3시(현재 오전 9시)에 십자가에 못 박혀 달리심. 군병들이 예수의 옷을 제비 뽑음.
2. 온갖 모욕과 비방의 말이 쏟아짐. 한편 강도가 구원받음.
3. 제6시(현재 낮 12시)부터 3시간 동안 온 땅이 어두워짐.
4. 제9시(현재 오후 3시)에 마지막 영혼을 아버지께 부탁하며 숨을 거두심.
5. 성소 휘장이 위로부터 찢어지며, 땅이 진동하여 바위가 터짐. 무덤들이 열림.
   백부장 등이 심히 두려워함. 행악자들의 다리는 꺾이나, 예수는 꺾지 아니함.
6. 창으로 옆구리를 찌르니 물과 피가 나옴. 장사 지내고 무덤을 굳게 함.

부활하신 예수님의 발자취

1. 안식 후 첫날, 막달라 마리아, 여인들, 그리고 베드로와 요한이 빈 무덤임을 알게 됨.
2. 주일 오후, 엠마오로 가던 두 제자에게 나타나심.
3. 주일 저녁, 유다와 도마가 빠진 두려워 떠는 10제자에게 나타나심.
4. 다음 주일 저녁, 도마를 포함한 11제자에게 다시 다락방에 나타나심.
5. 고기잡이 하던 7제자에게 나타나셔서 베드로에게 사명을 주심.
6. 11제자와 500명 형제 앞에 나타나신 일 외에 여러 번 나타나시고, 친히 마지막 지상 명령을 하심.
7. 부활 후 40일째, 하늘로 승천하심.

예루살렘 성

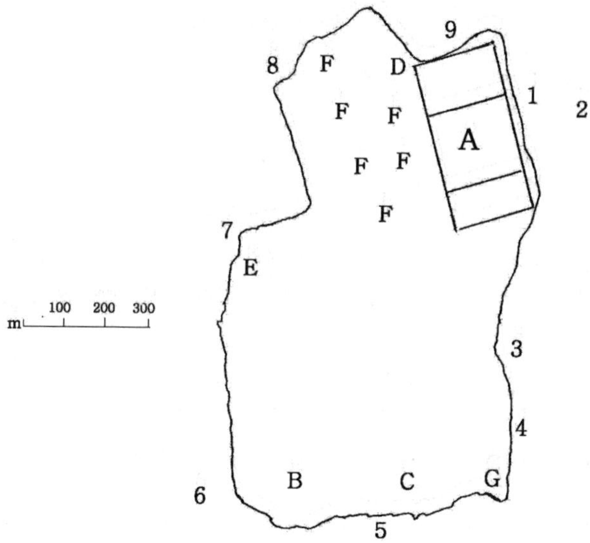

예루살렘 성밖

1. 예루살렘으로 입성
2. 만찬후 겟세마네
3. 기혼 샘
4. 기드론 골짜기
5. 힌놈 골짜기
6. 뱀못
7. 망대들
8. 골고다
9. 베데스다 못

예루살렘 성내

A 성전
B 최후의 만찬
C 공회로 체포됨 (가야바)
D 빌라도 관정
E 헤롯 궁으로 이송됨
→ 다시 빌라도에게
F 골고다로 향함
G 실로암

구 원 론 --- 믿음의 A,B,C

I. 왜 구원받아야 하는가? 인간은 피조물이기 때문에

① 인간은 죄인이다. 아담 즉 죄인의 형상을 갖고 태어났으므로, 의인은 없나니 하나도 없다. 모든 사람이 범죄하였으므로 (스스로는) 하나님의 영광에 이르지 못함.

② 영적 존재이다. 동식물, 인간 등 피조물 중 유일하게 인간만이 영적 존재이다.
영적 존재는 하나님, 천사(선한 천사, 악한 타락한 천사)와 사람 등 3부류이다.
천사는 육이 없다. 선한 천사와 악한 타락한 천사의 2가지 부류이다.
사람의 구성 요소는 영, 혼, 육의 3가지이다. 하나님이 땅의 흙(육)으로 사람을 지으시고 생기(하나님의 영)를 그 코에 불어넣으시니 사람이 생령(혼)이 된지라(창 2:7).
사람은 육이라는 그릇에 무슨 영을 받느냐에 따라 신자 불신자로 양분된다.
성령의 지배를 받는 사람은 영적인 사람인 반면(고전 2:13), 육에 속한 자연인은 하나님의 영을 받지 아니한 사람이다(고전 2:14).

II. 사람이 피할 수 없는 세 가지 ~ 죄, 사망, 심판

① 죄라하면 윤리 도덕 만 말씀하는 것이 아니고, 원죄가 있는데 이는 여호와께 **불순종**한 것이요, 죄에 대하여라 함은 저희가 나(예수)를 믿지 아니 함이요(요 16:9). 따라서 원죄란 불순종을 말하므로 이는 예수를 믿지 아니하는 **불신**의 죄를 말한다. 죄란 '하마르티아' 로서 **빗나간 화살**이다.
죄에는 3가지 종류가 있으니 살인, 강간 등 육적으로 범하는 죄, 심적 분열, 미움, 시기, 질투 등 마음으로 범하는 죄와 영적으로 범하는 불신의 죄 등이다. 육적 죄는 감옥에 가서 청산 가능하며, 심적 죄는 정신병원에서 치료받을 수 있으나, 영적 죄는 영원한 지옥행이다.

② **사망**이란 영, 육이 서로 분리된 상태이지 영이 없어지거나 잠자는 것이 아니다. 회당장 야이로의 딸이 죽었으나 영이 돌아오니 다시 살게 된다(눅 8:55). 영은 불멸 영존하는데, 이에 문제가 있다. 영은 죽을 수 없다. 인간의 육신은 자연의 지배를 받아 연약하나, 영은 초자연적이다.

③ 사람은 죽은 후, 모두가 하나님 **심판**대 앞에 서게 되는데 이때 어떤 이는 심판을, 어떤 이는 상급의 부활이 있게 된다. 심판의 기준은 믿음(선한 행실)이며, 자기의 의가 아니다.

III. 사망의 종류에는 두 가지가 있다.

① 첫째 사망은 **육적 사망**을 말하는데, 이는 영혼이 육에서 떠나는 것을 말한다. 일반적인 사망은 육적 장례를 말한다.

② 둘째 사망은 육적 사망 후 하나님의 심판대에서 지옥행 판결을 받는 것으로, 영혼이 하나님과 영원히 분리되는 **영적 사망**을 말한다. 이를 완전 죽었다고 한다.

Ⅳ. 사람은 왜 죽는가?

한 번 죽는 것은 사람에게 정해진 것이요, 그 후에는 심판이 있다(히 9:27).

죄의 삯은 사망이요 하나님의 은사는 그리스도 예수 우리 주 안에 있는 영생이라(롬 6:23).

겉사람(아담의 형상을 닮은 사람)은 율법의 죄의 법에 예속되어, 무익한 육을 따라 살다가 정죄(불순종)를 받아 결국에는 사망에 이른다.

속사람(그리스도의 형상을 닮은 사람)은 그리스도의 은혜(거저, 공짜로)로 하나님의 법에 예속되어 유익한 영을 위해 따라 살다가 성령의 열매를 맺어 생명과 평안으로 산다.

Ⅴ. 구원에는 두 가지 종류가 있다.

① 협의의 구원 ~ 영혼의 구원만을 말한다.

② 광의의 구원 ~ 포괄적인 구원으로 치료, 영적 부흥, 회복, 승리, 평강, 충만, 응답 등

Ⅵ. 구원자는 오직 예수만?

사람은 사는 영이요 이에는 살려주는 영(그리스도의 영)이 필요하다.

성인(聖人)이 많이 왔었으나, 하나님(구약 말씀)께서 육신으로 오신 유일한 분이시기 때문이다.

피 흘림(그리스도의 피)이 없은즉 사함이 없다(히 9:22). 우리 죄를 대신 대속물로 죽어 주신 분이 없다. 다른 이로써는 구원을 받을 수 없나니 천하 사람 중에 구원을 받을 만한 다른 이름을 우리에게 주신 일이 없음이라(행 4:12).

Ⅶ. 한 번도 보지 못한 예수를 어떻게 알까?

요한복음의 기록 목적(요 20:30-31) ~ 영생 ← 예수를 알고 믿어야 ← 어떻게 아는가 ← 표적

아리마대 요셉, 니고데모의 등장 ~ 당시에 두 사람은 유대인 관원 중 덕망 있는 분이었다.

Ⅷ. 구약 때,

예수님이 피 흘리시지도 않았는데 어떻게 구원받았는가?

어린 아이가 죽으면?

예수의 복음을 전혀 들어 본 적이 없었던 우리 조상들은?

Ⅸ. 신자가 죽으면 어디로? 불신자가 죽으면 어디로?

1. 구약 때 믿었던 신자가 죽으면, 일단 음부로 내려간다. 그런데 예수께서 부활하심으로 구약 때 믿고 죽은 자들이 일제히 일어나 낙원(paradise)으로 갔다. 낙원을 아브라함의 품이라고도 한다. 십자가에서 구원받은 행악자도 당일 오후에 주님과 함께 낙원(혹은 아브라함의 품)으로 갔다. 거지 나사로도 죽은 후 마찬가지이다. 그러나 이곳이 천국은 아닌 것으로 봐야 한다.
   따라서, 신약에 예수의 부활을 믿은 성도는 죽으면 즉시 낙원으로 간다.

2. 신, 구약 모두에 불신자가 죽으면 음부로 가는데, 이 음부는 지옥과는 별개이다. 지옥은 백보좌 심판 후에 떨어지는 영원히 꺼지지 않는 유황 불못이다.

X. 그리스도와 구속자의 정의

그리스도(redeemer)의 3대 요소 ~ 죄 없으신 분이 구약의 예언대로 ① **고난**받아, ② 죄를 지시고 **죽음**을 당하여, ③ 죽은 자 가운데 다시 **부활**해야 한다.

구속자(ransom)의 3대 요소 ~ ① **가까운 친족**으로, 죄의 값인 부채를 ② **대신 탕감**해 줘서, 그를 ③ **자유자**로 만들어 줘야 한다.

XI. 어떻게 구원 받나? 믿음의 고백함으로

이단(異端)이란 예수 이외에 다른 방법으로 구원받았다고 하는 것이다. 예를 들어 "당신의 직분이 무엇입니까?", "당신이 교회를 다니고 성경 공부를 했습니까", "무엇 무엇을 지켜야 한다" 등 사람의 직분, 혈통, 행위의 義 등을 내세우는 것이 이단이다.

예수께서 죽은 자 가운데서 부활하심을 마음에 믿으면 의에 이르고, 입으로 시인하여 구원에 이르느니라(롬 10:9-10).

누구든지 주의 이름을 부르는 자는 구원을 받으리라(롬 10:13).

그렇다면 우리를 구원에 이르게 하는 믿음은 어떻게 생기나?

아는 것과 믿는 것은 다름(요 11장)

믿음은 들음에서 나며 들음은 **그리스도의 말씀**으로 말미암았느니라(롬 10:17). 전파하는 자가 있어야 듣는데 전파하는 자는 보내심을 받은 자들이며, 기록된 하나님의 말씀 즉 성경이다. 증거하는 이가 셋이니, 성령(감동, 감화)과 물(성경)과 피(죄 사함)라(요일 5:8).

XII. 우리가 구원받았음을 어떻게 알게 되는가?

일반적으로 구원받았음을 모를 수도 있다. 예, 삭개오의 구원, 십자가의 악행자의 구원은 본인은 모르나 주님의 일방적인 구원의 선포이다. 그러나 마음에 **구원의 확신**은 반드시 있어야 한다.

입으로 시인하여 예수 내 구주를 입으로 시인하면 구원에 이른다. → 마음에 확신이 아직 없음. → (비록 형식일 수는 있으나) 물에 들어갔다 나오는 침례를 받음. → 그래도 본인은 모르는데 목사님은 "당신은 집사니까 구원받았다"고 함. → (애매모호하기는 하지만) 물과 성령으로 거듭나야 함. → (second blessing인) 성령을 받으면 앎. 성령을 받았으면 대부분 알게 됨. → 그래도 완악해서 주위에서 "성령 받은게 뭐 그래" 등을 들으니 의심이 계속 생김. 거룩해야지 등으로 내가 자격이 있는가? → 그러니까 불신자를 위한 (표적 즉 방언) 은사를 받으면 가장 확실함.

결론 믿음의 ABC

Acknowledge ~ 그리스도의 말씀을 귀로 듣고 ← 예수께서 부활하신 복음을

Believe ~ 마음으로 믿어 ← 마음을 돌이키는 회개의 심정으로

Confess ~ 입으로 시인 ← 입에서 찬양과 긍정과 할렐루야 아멘이 반복되도록

성 령 론 --- 믿음의 PASS

성령론은 예수께서 최후의 만찬 후, 십자가에 잡히시기 직전에 제자들에게 요한 14-16장을 위주로 강해하신 최후의 설교라 볼 수 있다. 성령론을 마치시고 겟세마네에서 밤새 기도하신다. 성령 강해는 제자들이 4가지 질문을 한 것에 대해 답변의 가르침이다. ① 베드로가 "주여 어디로 가시나이까"(요 13:36). ② 도마가 "주여 어디로 가시는지 도무지 알지 못하겠습니다"(요 14:5). ③ 빌립이 "주여 아버지를 우리에게 보여주옵소서"(14:8). ④ 가룟인 아닌 유다가 "주여 어찌하여 자기를 우리에게는 나타내시고 세상에는 아니하십니까"(14:22).

I. 삼위일체 하나님이란?

성경에 삼위일체라는 용어는 없으나, 신앙에 3위1체는 가장 근본적인 신앙고백의 원천이다. 하나님을 ELOHIM이라 부르는데, 이는 '하나님들' 이라는 복수형이다. 예로 우리의 형상과 우리의 모양대로(창 1:26)와 바벨탑 사건 때 우리가 내려가서(창 11:7) 등이다. 본질과 존재의 속성 면에서 하나이지만, quantity 면에서 하나님이 세 분이기에 이를 삼위일체의 하나님이라 부른다.

성경에 예수님을 말씀의 하나님이라 불렀으며 말씀이 곧 하나님이시다(요 1:1). 예수님 자신도 아버지와 나는 하나이며, 나를 본 자는 아버지를 보았다(요 14:9). 성령의 경우도 아나니아와 삽비라 사건 시 네가 성령을 속이고(행 5:3), → 사람에게 거짓말한 것이 아니요 하나님께로다(행 5:4). 예수께서 세례받으실 때(마 3:13-17) 하늘에서 소리가 있었으며, 비둘기 같은 성령이 임하셨다. 예수께서 성령론에서 성령을 말하실 때 존칭과 자신과 똑같은 분이라 했다. 지상명령에서도 아버지와 아들과 성령의 이름으로 세례를 주고……(마 28:19). 바울의 축도 시(고후 13:13), 고전 12:4 이하의 성령 은사에서도, 벧전 1:2 등에서도 그렇다.

1) 성부 하나님은 경륜의 하나님 즉 섬김의 대상이다.
2) 성자 하나님은 구속의 하나님 즉 십자가에서 죽으시기로 창세 전 섭리 가운데 계신 피 뿌림의 하나님(벧전 1:2)이니, 믿음의 대상이다. 그러나 하나님의 아들(the Son of God)이라 해서 혼동하기 쉬우나 이는 **성부 하나님과 동일**하신 분이란 뜻이다.
3) 성령 하나님은 영으로서의 하나님 즉 예수와 동일하신 또 다른 보혜사(요 14:16, Alos Parakletos, 同一) 도와주시는 영으로 내 안에 거하시는 하나님이시다.
   즉 예수님은 성부와 동일하시며, 성령은 예수와 똑같으시니 세 분이 같은 하나이다.

II. 성령님은 누구신가?

1) 성령은 분명히 삼위일체 하나님이시다. 히브리어로는 '루아흐', 헬라어로는 '푸뉴마' 인데 뜻은 '숨, 바람, 호흡, 생기, 영' 등이다.
2) 성령은 어떤 분이신가? ~ 성령은 인격인 3가지 요소인 지(知), 정(情), 의(意)를 가지신 분이다.
3) 성령의 명칭 ~ 예수 그리스도를 '만왕의 왕, 만주의 주, 하나님의 아들, 인자, 독생자, 구주, 말씀' 등으로 부르는 것과 마찬가지로 성령도 여러 가지 명칭으로 일컬어진다.
   성령 ~ 삼위일체를 사용할 때, 성부, 성자, 성령의 이름으로 세례를 주고. 거룩함과 성결함이다.
   하나님의 영 ~ 영으로 우리 마음에 부어지는 하나님을 일컬어 사용된다.

그리스도의 영 ~ 누구든지 그리스도의 영이 없으면 그리스도의 사람이 아니다(롬 8:9).
보혜사(Helper)~ 요 14:16, 14:26, 15:26, 16:7의 네 군데에 기록되어 있다. '또 다른 보혜사'란 'Para Kletos' 주님과 똑같은 위로자요 대언자라는 뜻이다. 즉 예수께서 하신 일을 그대로 할 뿐 아니라 이보다 큰 일도 하게 하신다(요 14:12). 즉 예수께서 구원 치료 상담, 가르침 등의 사역을 똑같이 하신다. 우리 옆에서 우리의 연약함을 아시고 도와주시는 분이다. (참고로 '또 다른' 은 'Heteros' 라는 말도 있는데, 이는 완전히 다르다는 뜻이다.)

4) 성령의 상징
물 ~ 목마르거든 내게 와서 마시라. 그 배에서 생수의 강(요 7:37-38) 이는 성령이요, 아직 성령이 저희에게 계시질 아니함(요 7: 39). 물과 성령으로 거듭나야(요 3) 물은 우리에게 필수적이요, (오염물질 등) 깨끗하게 해준다. 그러나 물은 심판의 도구이기도 하다.
불 ~ 불의 혀같이 갈라짐(행 2:3) 그는(예수) 성령과 불로 세례를 주실 것이요(마 3:11). 제사 때 하나님의 불, 밝은 빛, (죄와 더러운 것을) 없애는 불, 뜨거운 열심, 하늘의 능력 등.
바람 ~ 강한 바람 같은 소리(행 2:2) 바람은 임의로 불매……소리는……알지 못하되 성령으로 난 사람(요 3:8) 바람은 생기, 호흡, 상쾌함, 구석구석에 고루고루 편만함, 임의로 붊.
기름 ~ 왕, 제사장, 선지자에게 기름 부었다. 빛의 근원, 윤활유, 생명 영양제
비 ~ 물과 성령으로 나지 아니하면(요 3:5) 이른 비, 늦은 비 등 생산의 원소
비둘기 ~ 성령이 비둘기 같이 임함. 온유와 희생의 제물이다.

참고로 새 술(행 2:13)은 성령을 조롱하는 표현이기에 받아들일 수 없다.

III. 성령님의 하시는 일

1) 죄에 대하여, 의에 대하여, 심판에 대하여 세상을 책망하신다.
① 죄란 '빗나간 화살, 하나님과 분리된' 이라는 뜻으로 '예수를 믿지 아니함' 이라는 원죄이다. 한 사람(아담)의 범죄함으로 많은 사람이 죽었다(롬 5:12-15). ② 의란 예수님 부활과 승천이다. 죄가 없으니 부활하시는 것이고, 승천하심은 성령을 보내시고 우리의 처소를 친히 마련하기 위해서이다. ③ 심판이란 이 세상 주관자인 임금, 즉 마귀, 사탄, 옛 뱀, 용이 우리를 참소하고 죽이고 빼앗고 멸망시키려는 자가 마지막 심판받아 내어 쫓기는 것이다(계 12:9-11).
2) 예수를 主라 시인케 함(고전 12:3). ~ 성령께서 불신자를 책망하신 다음에, 말씀과 하나님의 능력과 성령의 감동 감화로 "성령으로 아니하고는 누구든지 예수를 주(主)라 시인할 수 없다."
3) 성도를 거듭나게 ~ 예수를 시인하여 하나님의 자녀가 된 사람은 하나님의 은혜로 허물과 죄로 죽었던 우리의 삶의 방향이 물(말씀)과 성령으로 바뀌어 하늘의 것을 사모하게 된다.
오호라 나는 곤고한 사람이었는데(롬 7:24), 생명의 성령의 법이 죄와 사망의 법에서 해방시켜 주신다(롬 8:2).
4) 성도를 가르치시며, 인도하시며, 생각나게 해주신다.
① 예수님 사역에서도 첫 번째가 가르침이요, 성령님도 가르치시고, 목회자도 잘 가르쳐야 한다.
② 우리는 육신대로 살았으나, 인도를 받아 하나님 중심의 삶으로 전환시켜 주신다(롬 8:14).
③ 말씀을 선포하게 된 것, 신약 성경이 기록된 것도 모두 생각나게 하심이다(요 14:26).

5) 우리의 연약함을 도우시고 말할 수 없는 탄식으로 친히 간구해 주신다(롬 8:26).
6) 우리가 하나님의 아들 된 것을 증언하신다(롬 8:16; 갈 4:6).
7) 예수께서 부활하심과 장차 재림하실 것을 확실히 증거하신다(행 1:8).

Ⅳ. 성령 세례 ~ 세례(침례)에는 물 침례와 성령의 침례 두 가지로 나뉜다.

1) 성령을 받는 것과 구원받는 것은 동일한가? 어떤 이들은 양자가 동일하다고 한다.
그러나 구원과 성령 세례는 별개로 간주되어 이를 second blessing이라고도 한다.
별개의 경우들; ① **10제자**에게 부활하신 후 "성령을 받으라"(요 20:22). ② **제자들**에게 "내 아버지의 약속하신 것을……보내리니……이 성에 유하라."(눅 24:49). ③ **사도들**에게 부활하신 후 40일째, "예루살렘을 떠나지 말고……**아버지의 약속하신 것**을 기다리라. 몇 날이 못 되어 성령으로 세례를 받으리라"(행 1:4-5). ⑤ 요 7:37-39 (……성령이 아직……) 등 모두 이미 믿어 구원받은 자들에게 하신 말씀이며, 그들이 모여 기도함으로 아버지께서 예수의 이름으로 보내신 성령을 받음.

2) 어떻게 성령 세례를 받는가? ① 기도함으로(행 2:1-4) ② 회개하여 예수의 이름으로 세례받고 죄 사함 받을 때(행 2:38) ③ 안수 받을 때(행 8:17, 9:17, 19:6) ④ 믿음의 화평의 복음을 들을 때(행 10:36, 10:44; 갈 3:2)

3) 성령 받는 경우들과 표적 ~ 사도행전에만 네 경우가 기록됨.
① 오순절 날, 120문도가 **10일간 기도**하매 보혜사 성령이 임함(행 2:1-4). → **다른 언어**
② 빌립이 사마리아에서 복음을 전하니 귀신, 중풍병자, 못 걷는 사람, 큰 기쁨(행 8:7-8) 모두 믿고 세례 받음(행 8:12). 그러나 베드로와 요한이 파송되어 저희를 위해 성령 받기를 기도함(행 8:15). 왜 성령 받기를 기도했는가? 이는 **아직 한 사람**에게도 성령 내리신 일이 없고, 오직 예수 이름으로 세례만 받음(8:16). 이에 두 사도가 **안수**함에 성령을 받는지라(행 8:17). → **권능**
③ 백부장 고넬료 가정. 고넬료는 **경건**하여 온 식구들과 하나님을 **경외, 구제, 항상 기도함**(행 10:2). 그의 구제와 기도가 하나님 앞에 상달됨(10:4). 욥바의 베드로가 파송되어 화평의 복음을 전하사(10:36), 말씀을 듣는 모든 사람에게 성령이 부어짐(10:44). → **방언, 하나님을 높임**(10:46). 성령을 받았으니, 예수의 이름으로 이방인에게도 물세례를 줌(10:47-48).
④ 바울이 에베소에 와서 (믿는) 제자들에게 너희가 **믿을 때**에 성령을 받았느냐? 들어 본 적도 없다. 저희가 듣고, 주 예수의 이름으로 세례를 받으니(행 19:5) 바울이 저들에게 안수하매 성령이 임하심(19:6). → **방언, 예언**도 함(19:6). 성경에 에베소의 처음 사랑으로 봐야 함.

4) 성령을 받았는지 악령을 받았는지 어떻게 아는가? 열매를 보고 알게 됨.
나무의 열매가 좋은가 나쁜가에 따라서(마 7:15-20).
입술의 열매에 따라서(약 3:2-12, 말의 입의 재갈, 배의 작은 키, 작은 혀, 작은 불).
마귀의 속성(약 3:13-18) 다툼, 시기, 질투, 분쟁. 지절거리고 속닥속닥함(사 8:19).
예수를 높이고 증거하느냐에 따라. 특히 열매는 입술이다.

V. 성령의 은사

은사의 대전제(大前提) : 교만을 방지하기 위해 **말씀 밖에 넘어가지 말라**(고전 4:6).

은사(Charismata, 헬. 카리스마타)란 하나님의 '값없는' 혹은 '특별한' 양면성의 성령의 선물이다. 특히 후자를 은사라고 많이 칭하는데, 이는 성령이 나타나셔서 (믿음에) 유익을 주려 함이라(고전 12:7). 내가(바울) 심히 원하는 것은 신령한 은사를 나눠줘서 너희를 (믿음의) 견고와 안위함을 얻게 하려고(롬 1:11-12). '역사하시는 하나님은 같으니' (고전 12:6)란 복음 증거 수단으로 은사를 주신다는 뜻이다. 직임은 여러 가지이고 지체도 여러 가지이므로 서로서로 돕고 힘을 합하라고 하나님의 뜻에 따라 주어지는 것이 은사이다.

지체는 ① 서로 기능 면에서 똑같은 것이 아니다. ② 불필요한 지체는 없다.
③ 모두 다 필요하다. ④ 몸에 붙어 있어야만 한다.

믿음, 소망, 사랑 이 세 가지는 항상 있어야 한다. 그중에 한 factor인 믿음을 견고케 하는 것이 은사이므로 세 가지보다는 아래 factor이므로 지나치게 '은사, 은사, 은사' 하는 것은 옳지 않다. "어떤 은사는 이상하고, 어떤 은사는 사도 시절에만 있었고, 어떤 은사에 보다 치중하고, 방언은 꼴찌 은사이다" 등은 잘못이다. 은사는 개인 영광이나 목적을 위해 사용되는 것이 아니다.

1) 생명의 은사(롬 6:23) ~ **믿음**으로. 하나님의 은사는 C.J. 우리 주 안에 있는 영생이라.
2) 표적의 은사(고전 12장) ~ **구하여서**. 신령한 은사로 우리의 믿음을 견고하게 한다(롬 1:11).

A. 계시의 은사 ~ 성도의 심령에 말씀하셔서 다른 사람이 알게 하는 은사이다.

① 지혜의 **말씀** ~ 어려운 문제 등을 해결함에 초자연적으로 **하나님의 지혜**로 해결하는 은사이다.
연로한 자가 연소한 자보다, 경험이 많은 자가 보다 지혜롭다 등의 인위적인 지혜는 아니다.
특히 지혜의 은사는 **구하는 것**이다(솔로몬 왕상 3:5, 하나님께 구하라 약 1:5).
예; 솔로몬에게 두 계집이 산 아들을 놓고 서로 다툼(왕상 3:16-28). → 하나님의 지혜로 판결함.
예수께서 "동전이 가이사의 것이면……하나님의 것이면 하나님께"(마 22:15-22) → 올무에서 벗어남.
너희 가운데 죄 없는 자가 먼저 돌로 치라(요 8:7). → 간음한 여인이 놓임을 받음.

② 지식의 **말씀** ~ 어려운 문제 등을 말씀, 감동, 묵시, 꿈이나 환상 등을 통해 **초자연적 방법**으로 알게 하셔서 해결하는 은사이다. 분명한 것은 학습이나 주문 등의 인간 방법과는 완전히 다르다.
예; 예수께서 우물가의 여인에게 "네가 남편이 다섯이나 있었는데……"(요 4:18). -> 전도자
엘리사가 아람 왕의 침실에서 한 말까지도 다 알고 있다(왕하 6:8-12). -> 아람을 격퇴함.
베드로가 아나니아와 삽비라에게 하나님께 거짓말한 것을 알려줌(행 5:1-6) -> 마음을 같이 함.

③ 영들 분별함 ~ 마귀의 영도 존재한다. 구원의 여부를 알 수 있는 은사이므로, 특히 목회자에게 가장 중요한 은사라 생각된다. 그렇다고 검사나 형사 식의 남의 죄를 뚫어 보는 은사만은 아니다.
예; 길르앗 라못의 전쟁 시, 아합이 시드기야 선지자 말은 듣고, 미가야의 예언은 불길하다고 무시한 채 전쟁에 나감으로 아합은 전사하고 여호사밧은 겨우 살았으나 부상당함(왕상 22장).
예수께서 베드로에게 "네가 복이 있도다" 하시고 바로 "사단아 내 뒤로 물러가라"(마 16:23).
귀신이 바울에게 "당신은 지극히 높으신 하나님의 종으로 구원 길을 전하는 자라"(행 16:16-18) 고 함으로 심히 여러 날을 괴로워했으나(귀신의 말이므로) 귀신을 쫓아냄.

B. 발성의 은사(고전 14장) ~ 음성을 통한 은사로서 고린도 교회에서 가장 문제되었던 은사.

① 예언 ~ 방언과 마찬가지로 오용, 악용, 남용되는 경우가 가끔 있다. 또한 점치는 것이 아니다. 예언이란 하나님 말씀을 미리 계시하는 것이다. 현재의 예언은 계시록만 존재한다고 봐야 한다. 재물을 축적한다거나, 어떤 business를, 어떤 학교에 가야 하나 등은 예언이 결코 아니다. 방언은 하나님께 비밀을 말하나, 예언은 사람이 알아듣게 말함.

--- 예언의 정의(고전 14:3, 24-25) ---

1. 교회의 덕을 세움 ~ 방언은 개인의 믿음의 덕을 세우나, 예언은 교회에 믿음을 쌓는다.
2. 권면함 ~ 어떤 사람이 내게 말해 줬는데 그것으로 내 믿음이 성장될 때 이를 권면이라 함.
3. 위로함 ~ 어려움 가운데 믿는 복음의 예언의 말씀으로 comfort하게 해줌.
4. 사람을 책망함 ~ 죄와 세상 임금과 의에 대한 책망의 복음.
5. 사람에게 판단을 해줌 ~ 정죄는 아니나, 무엇이 옳고 무엇이 그른가를 분별케 해줌.
6. 마음에 숨은 것이 드러나게 함 ~ 불신자들에게 불신의 요인을 제거해줌.

이와 같이 예언은 믿는 자에게 복음 전달의 수단으로 유익한 은사이다(고전 14:22).
예언을 하면 다른 이들은 (말씀에 비추어) 반드시 분별해야 한다(고전 14:29).
예언함에 자기의 뜻에 맞으면 참 예언이고 맞지 아니하면 무시하는 것 등은 용납될 수 없다.

② 방언 ~ 논쟁이 가장 많은 은사이다. Language(방언, 언어)와 Speak with tongue(방언, 혀로 말함)과는 완전 별개이다. (영적) 무식한 자에게는 이상한 말이나 술 취한 자의 말같이 보인다. 성령 세례 받은 믿음의 표적 중 하나이다. 방언은 하나님 높이는 말이며(행 10:46), 감사 기도의 도구이다(고전 14:18). amaze, marvel(행 2:7), wonderful works of God(행 2:11)

--- 방언의 정의 ---

1. 하나님께 그 영으로 비밀을 말함이다(고전 14:2). 비밀(mystery)과 고요(silent)는 다르다.
2. 본인의 (믿음의) 덕을 쌓는다(고전 14:4). 덕이란 윤리나 인성의 덕이 아니고, 신앙의 덕이다.
3. 특징상 하나님께 함으로 알아듣지 못함(14:2). 즉 기도할 때 마음으로 기도하고 영(방언)으로 기도하면 마음과 영 모두에 열매를 맺는다(고전 14:11-19). 작은 것의 예로 혀, 산불, 배의 작은 키. 장점은 마귀도 방언을 알아듣지 못하니 영적 기도 무기로는 최상으로 봐도 좋다.
4. 방언을 말하는 자는 통역하기를 기도하라(14:5). 특히 공기도 시에 통역과 함께 사용하면 모두 알아들으므로 예언의 효과가 있으며, 공예배 시 5 factors 중 하나이다(14:26).

방언의 주의 사항 ~ 모든 성도가 다 받는 것은 아니다. 남을 가르칠 때나 공적기도 할 때는 사용하는 것이 아니다. 무질서하게 사용해서도 안 되며 내가 이렇게 충만하다고 뽐내서도 안 되며, 사용을 지나치게 절제해서도 안 된다. 방언은 불신자를 위한 표적이기도 하나(14:22), 불신자들에 방언이 언어라면 '새 술에 취했다'(행 2:13), '미쳤다'(고전 14:23) 등 오해를 일으킬 수 있었겠나?
특히 방언의 논란(외래어)은 많다. "영적 흥분 상태이다." 부정적인 말을 너무 많이 한다.

③ 방언 **통역** ~ 방언으로 기도하니 마음으로는 열매 맺질 못한다. 그러니 통역하는 자가 통역하면 예언과 마찬가지 효과이므로 예언의 말씀 형태로 되므로 청취자가 이해할 수 있는 언어로 된다. 통역(interpretation)이지 번역(translation)과는 다르다. 또한 통역은 항상 되기보다는 예언과 마찬가지로 성령의 뜻대로 된다. 그러나 성경에 '이것이 통역의 은사'라 기록된 예는 없다.

C. 권능의 은사 ~ 영적 power를 통해 나타나는 은사이다.

① 믿음 ~ 그리스도의 말씀을 들어서 은혜로 구원받는 믿음, 성장하는 일반적인 믿음, 각 사람에게 나눠주신 **은사적** 믿음 등 3가지로 분류할 수 있다. 은사적 믿음은 항상 소유할 수도 없고 도저히 할 수 없는 특수 상황에서 하나님의 뜻에 따라 어떤 성도를 특수하게 사용하시는 경우이다.

a. 물위를 걸으실 때 --- 즉시 손을 내밀어, "믿음이 작은 자여 왜 의심하였느냐"(마 14:31).

b. 너희가 만일 믿음이 한 겨자씨만큼만 있으면……(마 17:20)

② 병 고침 ~ 예수의 3대 사역 중 하나이며 주된 사역이 병 고침이었다. 치료하시는 하나님 (출 15:26), 네 모든 병을 고치시며(시 103:3), 우리의 질고(질병)를 지고(사 53:4), 그가 채찍에 맞음으로 우리가 나음을 입었도다(사 53:5, 벧전 2:24), 치료하는 광선(말 4:2), 따르는 표적, 손을 얹은즉 나으리라(막 16:18) 등이다.
특히 병 고침에는 복수형인 healings로 되어 있다.

③ 능력 행함 ~ 초자연적인 기적의 은사이다. 하나님의 나라는 말에 있지 않고 능력(자체)이다. 부활도 하나님의 능력이요, 구원도 하나님의 능력이며, 말씀 모두는 능력이다.
히브리서 11장의 모든 능력은 믿음으로 창출된 것이다. 아브라함이 100세 때 이삭을 낳은 것, 아들을 번제로 바쳤던 것, 여호수아가 달과 해를 멈추게 한 것, 죽은 나사로를 살린 것.

3) 직분의 은사 ~ **순종**함으로. 성도를 온전케, 봉사하게, 그리스도의 몸을 세우려고. 서로 존경함.
사도, 선지자, 교사, 능력, 병 고치는 은사, 서로 도움, 다스림, 각종 방언(고전 12:4-30)
예언, 섬기는 일, 가르치는, 권위하는, 구제하는, 다스리는, 긍휼을 베푸는 자(롬 12:6-8).
사도, 선지자, 복음 전하는 자, 목사와 교사(엡 4:11)

VI. 성령의 9가지 열매(갈 5:22-23)

사랑, 희락, 화평, 오래 참음, 자비, 양선, 충성, 온유, 절제. 마지막이 절제.
판단이나 비판을 하지 아니함.
그러나 반드시 **분별**해야 함

결론 믿음의 PASS

Pray ~ 내가 성령 받기를 직접 기도해야 함. 타 성도를 위해 중보 기도해야 함.
Ask ~ 내 이름으로 무엇이든지 구하고 찾고 두드리라. 그리하면 성령을 선물로 주심.
Spirit ~ 성령을 받아야만 함. 성령을 받아도 좋고 안 받아도 된다는 논리는 추방되어야 함.
Spread out ~ 예수의 산 증인이 되어 땅 끝까지 복음을 전파하게 됨. 사도행전의 역사

마태복음 24장

예루살렘 성전의 파괴를 예언하심(1, 2) ~ 솔로몬의 성전 → 바벨론에 패망할 때 거의 불탔음 → 포로 귀환 후, 스룹바벨이 재건 → 헤롯 왕이 이미 46년을 지었고 총 공사 기간이 80년을 넘으니 당시의 건축물 중 가장 화려하고 웅장했을 것인데 파괴된다 하니 누가 믿겠는가? 하나님의 집은 만민이 기도하는 집이 되어야지 규모만 크고 화려하면 무슨 소용있나? 주후 70년 로마의 디도 장군에 의해 예루살렘 성전은 무참히 파괴되었다. 그러나 이것이 세상 끝은 아니다. 마지막 때 인간적 거짓된 성전은 반드시 멸망하고 말 것이다.

사람의 **미혹을 받지 않도록 조심하라**(4, 5). ~ 장차 적그리스도가 나타나서 유대에게 독립과 평안을 줄 것이며 유대인의 최대의 숙원인 성전도 재건시켜 줄 것이니 나와 동맹을 맺자는 식으로 미혹할 것임을 주의시키나, 자기들의 생각과 다르다 하여 예수를 죽인다.

난리와 난리 소문, 민족이 민족을, 나라가 나라를 **대적**하며 곳곳에 **기근**과 **지진**이 있으리니 재난의 시작이라(6-8) ~ 당시에 로마가 모든 나라를 통합하여 더 이상 통합할 나라가 없을 정도로 평안했고, 최고의 문명의 발달, 완벽한 법체계 완성, 모든 길은 로마로 통하였고, 지진 등으로부터 안전지대로 여겨졌는데 그것도 재난(슬픔)의 시작이라니 누가 믿겠는가? (Titanic도 그러했다.)

너희가 내 이름을 위하여 모든 민족에게 **미움**을 받으리라(9). 많은 사람들이 **유혹**(물질적 풍요)에 빠져 서로 미워하고(10) 많은 사람의 **사랑이 식어지리라**(12). 그러나 **끝까지 견디는 자는 구원**을 얻으리라(13). 이 천국 복음이 **모든 민족과 온 세상에 전파**되리니 그제야 끝이라(14).

멸망의 가증한 것(15절 이하)~ 단 9:27, 11:31, 12:11에 **미운 물건**이라 되어 있는 것과 동일함.

구약에서 적그리스도는 수리아의 안티오쿠스 4세이며, 신약의 적그리스도와 흡사한 인물인데 그는 돈과 권력 그리고 거짓 이 세 가지 없이는 세상을 살아갈 수 없도록 만들 것이다.

① 성전이 있는 예루살렘을 믿지 말고 산(기도 처소)으로 도망하라(16).

② 지붕(기도하는)에 있는 사람이 물건보다 중요하다(17).

③ 아이 밴 자와 젖 먹이는 자에게는 화가 있으리라(19). ~ 복음을 전하지 아니하고 혼자만 간직한 자나 혹은 환난 때 이들이 보호받을 수 없음을 말하기도 할 것이다. 또는 죄나 고통 중에 있는 자를 말할 수도 있다.

기도하라(20). 그러나 택하신 자를 위하여 그 날을 감하시리라(22). 그 택하신 자들을 사방에서 모으리라(31). **거짓 그리스도들과 거짓 선지자**들이 큰 표적과 기사로 택하신 자들을 미혹함(24).

이 비유들의 '때'는 '시각'을 의미하는 것이라기보다는 '상황'을 말씀하는 것으로 받아들여야 함.

무화과나무의 비유(32-36) : '무화과 가지가 연하여진다'는 생활 수준도 높아지고 편하고 안락한 상태. 연하여짐은 믿는 자들에게는 성령의 역사에 따른 영적 부흥의 상황으로 마음이 부드러워진다고 볼 수도 있다. '잎사귀를 내면'과 '여름'은 먹고 쉬고 놀고 바캉스 계절. 모두가 20C 이후이다.

노아의 때(37-39) : 먹고 마시고 장가 들고 시집가지만 깨닫질 못함.

롯의 때(눅 17:28-32) : 사고 팔고 심고 집을 지음. 뒤를 돌이키지 마라! 롯의 처를 생각하라.

깨어 있으라(40-42) : 밭(일)에 있으매, 매(가정일)를 갈다가 데려감을 당하고(예수께 모이게 됨 혹은 휴거로 봄) 버려둠을 당할 것(심판에 처해진다 혹은 휴거를 당하지 못하고 남아 있음).

충성되고 지혜 있는 종(45-51).

마태복음 25장 --- 3가지 비유

1〉 **열 처녀 비유**(1-13) ~ **천국**(1) 비유이지 휴거(들림)에 관한 비유가 아님. 즉 천국에 들어갈 수 있는 준비를 하라는 가르침이다. 믿는 자는 예수의 신부이다. 먼저 정혼(약혼)한 후 결혼하는데, 아주 드문 경우이지만 신랑이 늦게 오는 경우가 있었다 함(5). 일단 일의 순서는 먼저 구원을 받고(천국 들어갈 준비를 하고) 그 후에 다른 일(잠자는 것, 세상일)을 해도 된다는 의미로 이해되므로 순서가 바뀌면 천국에 들어가지 못하는 미련한 자밖에 될 수 없다.
천국 들어갈 준비를 한 지혜로운 5처녀는 ① 기름을 준비해야 함. ② 깨어 있어야 함. ③ 늘 성령으로 충만해야 함. 미련한 다섯 처녀는 ① 등은 준비했음. ② 등을 밝히는 기름이 없음. ③ 신랑의 결정은 "내가 너희를 도무지 알지 못한다." 즉 우선순위가 잘못됐음. 세상 일은 다음.

2〉 **천국의 달란트 비유**(14-30) ~ 재능에 따라 주인이 종들에게 **5, 2, 1 달란트**씩 맡기고 떠난다. ① 일반적으로 '달란트' 하면 타고난 선천적 재능으로 받아들인다. 그러나 신자에게 물과 성령으로 거듭난 성도가 받은 **성령의 열매**라 받아들이는 것이 옳다고 봐야 한다. ② 양적인 문제인가 하는 것이다. 성경은 할 수 있거든이 무슨 말이냐 믿는 자에게는 능치 못함이 없다. "내게 능력 주시는 자 안에서 내가 모든 것을 할 수 있느니라"(빌 4:13) 등으로 봐서 달란트 비유는 양적이 아니라 **질적인 점**을 말씀하고 있다. ③ 5, 2달란트 받은 사람은 최선을 다한 반면, 1달란트 받은 사람은 일은 하질 아니했다. 1달란트 받은 자는 '**두려워**하여' (25:25) 땅에 감추었다. 두려워한다 함은 믿음이 없다는 말이다. 즉 1달란트 받은 자는 **믿음이 없다**는 말이다. ④ 주인의 상급은 작은 일에 충성했는가? "네가 작은 일에 **충성**하였으므로" '충성' 혹 '두려워' 등의 용어를 볼 때 달란트 비유는 믿음으로 했는가, 아니면 믿음 없이 자기의 義를 쌓았는가의 문제이다.
참고로 누가복음 19:13의 므나 비유는 동일한 액수인 10므나씩을 준다는 점이 다르다.

3〉 **양과 염소의 비유**(31-46) ~ 양과 염소의 비유라고도 하며, 심판이라고도 한다. "인자가 자기 영광으로 모든 천사와 함께 올 때"(31)라 되어 있으니 종말, 즉 마지막 심판으로 보여져서 계시록 20장 크고 흰 보좌의 심판과 동일하게 본다. 양과 염소는 외형적으로는 큰 차이가 없으나 내적으로는 큰 차이가 있다. 양은 잘 따라가고 온순하며 멍청하고 피해자 근성이 있어 털이 깎일 때나 죽임을 당할 때 비명을 지르지 아니한다고 한다. 그러나 염소는 서로 우두머리가 되려 하고 자존심이 강하며 공격적이라 한다.
'양' 의 큰 장점은 병들고 불쌍한 이웃을 지나치지 아니한다는 점이다. 먹을 것, 마실 것, 입을 것, 영접, 간호 등을 했다. "우리가 그런 일 한 적이 없습니다." "복 받을 자여! 예비된 나라를 상속하라! 내 형제 중 지극히 작은 자에게 한 것이 곧 내게 한 것이니라."
반대로 왼편에 있는 '**염소**' 에게는 "마귀와 그 사자(귀신)들과 함께 영영한 불에 들어가라. 너희들은 전혀 나에게 관심조차 없었다." "우리가 어찌 관심을 두지 아니했습니까?" 라고 변명함. "지극히 작은 자에게 하지 않았으므로 **영벌**에 들어가라."
'양' 은 도와주었는데도 (믿음으로 했으니) 도와준 것을 기억조차 하지 아니했으나, '염소' 는 반대로 아니했는데도 (자기 義로) 한 것으로 착각하고 있었다. 오른손이 하는 것을 왼손이 모르게 하라.
믿음이 없이는 하나님을 기쁘시게 못하나니 그가 우리에게 상 주시는 이심을 믿어야 할 것이다.

<u>1차 전도 행선지</u>
(AD 46-48, 바나바와 함께)
① 안디옥 (수리아)
② 살라미 (구브로 섬)
③ 바보 (구브로 섬)
④ 버가
⑤ 비시디아 안디옥
⑥ 이고니온
⑦ 루스드라
⑧ 더베
⑨ 앗달리아
① 수리아 안디옥

<u>2차 전도 행선지</u>
(AD 49-52, 실라와 함께)
① 안디옥
2. 다소, 더베, 루스드라
3. 드로아 (아시아의 끝)
4, 빌립보
5. 데살로니가
6. 베뢰아
7. 아덴
8. 고린도
9. 에베소
10. 예루살렘
① 수리아 안디옥

<u>3차 전도 행선지</u>
(AD 53-57)
① 안디옥 (수리아)
2. 다소, 더베, 루스드라
3> 갈라디아, 에베소
마게도냐, 고린도
마게도냐, 드로아
4> 밀레도
5> 두로
6> 가이사랴
10. 예루살렘

<u>소아시아의 7교회</u>
A. 버가모
B. 두아디라
C. 사데
D. 서머나
E. 빌라델비아
F. 라오디게아
9. 에베소

종말론

예수님의 3대 설교를 산상수훈, 성령론, 그리고 종말론 등으로 본다면 산상수훈은 일방적인 권세 있는 말씀의 설교 형태이고, 종말론과 성령론은 **영적 성경 공부**의 형태이다.

종말론은 크게 다니엘 7장 이후, 마태복음 23-25장과 요한계시록 등 세 곳을 기초로 한다. 마태복음의 종말론은 예수께서 종려주일에 예루살렘에 입성하신 후, 감람산 위에서 가르치신 것이다. 종말론은 **마지막 남은 계시의 복음서**라 봐도 무방할 것이다.

성도들은 종말론 하면 "휴거가 있는가 없는가? 있으면 어느 때인가? 주님 재림은 언제인가? 666은 무엇이며 누구인가? 적그리스도는 누구인가? 다니엘의 10발가락 시대의 10발가락은 어떤 나라들인가? 천년왕국은 있는가?" 등 궁금한 것만 거론한다.

또한 교회에서 종말론을 강해하면 교회가 어려워지니 삼가라는 말도 있다. 종말에 대해 궁금한 것도 사실이다. 교회가 어려워지는 것도 사실이다. 그러나 종말론이야말로 마지막 남은 복음이다.

종말론은 사탄 혹은 마귀, 타락한 귀신, 거짓 선지자, 적그리스도 등이 정체가 드러나 최후의 심판 받음으로 악의 세력의 철저한 발악이기 때문이다. 너무 궁금해하지 말고, 너무 지나친 해석도 말고, 종말론 가르침을 삼가지 말고, 결론적으로 성도는 마지막 때인 지금 어떻게 지혜롭게 이겨나가야 할 것인가에 초점을 맞추어야 한다.

요한계시록 --- 우주 대역전 Drama

요한계시록은 사도 요한이 밧모 섬에 유배되어 수많은 이단자의 공격과 핍박을 견디면서 예수의 계시를 쓴 것이다. 지금도 좋은 것이 좋다는 식의 타협주의, 자녀들이 좋아하는 것을 시키라는 자유주의, 자녀뿐 아니라 성인들에게도 유혹하는 쾌락주의, 내게 유익한 것만을 취하는 실용주의, 돈을 지나치게 사랑하는 자본주의와 학교에서 가르치는 다신론주의 등과 싸워야 함이다.

그러나 불행하게도 계시록의 해석에는 150여 가지가 있다고 하니 다소 혼란스러운 것도 사실이다. 예로, 666은 사람의 숫자 즉 적그리스도의 숫자이지 666이 bar code의 숫자라는 해석은 성경을 세상에 적용한 귀납법 접근으로, 이런 해석 방법은 받아들여서는 안 되며 암호 등으로 봐야 한다. 144,000(12×12×1000)은 거의 무한대인 많고 많은 숫자이다. 천년은 길다는 뜻이며, 10,000은 가득하다는 뜻이다. 이마의 표(13:16)는 마귀의 표를 표현한 것이며, computer의 bar code로 보는 것은 합당치 않다. 어떤 집단에서 마리아(실물은 어떻게 생겼는지 아무도 모름)라고 세워 놓고 예수의 모친이라 생각하는 것은 무리이며, 음녀(17:1)는 신앙을 저버리는 배신자이다.

특히 우리나라에서는 휴거와 전천년설이 일반적 지론인데, 이는 일제시대 많은 목회자들이 신사참배에 반대함으로 죽어가는 심한 박해와 6 · 25 때 동족 공산당에 의해 많은 순교자가 나옴으로 어려움이 극에 달하였기에 이 이론이 널리 퍼졌으리라 생각된다.

요한계시록을 크게 세 가지로 구분되는데 ① 네가 본 것은 1장, ② 지금 있는 일은 2-3장인 소아시아의 7교회에 관하여, ③ 장차 될 일은 4-22장에 기록하고 있다.

1. 마태복음 24, 25장

제자들의 질문은 주께서 임하실 때(재림)가 언제입니까? 어떤 징조가 있습니까?의 두 가지 질문으로 요약할 수 있다(마 24:3). 특히 25장은 큰 3가지 **비유**를 말씀한다.

① 주님의 재림 시기
재림의 시기는 가까웠으나, 정확한 때는 예수와 천사도 모르고 오직 아버지만 아신다(마 24:36).
예수께서 모르신다는 것도 예수님의 전지(全知)이다.
무화과나무의 비유에서 ~ 가지가 연하여지고 잎사귀를 내고(1948년?) 한 세대가 지나기 전(前)
노아의 때(24:37-) ~ 경고를 듣고도 깨닫지 못함. 롯의 처 ~ 뒤를 돌아보지 말라.
노아와 롯의 때에 먹고, 마시고, 장가들고, 시집가고, 사고 팔고 집 짓나, **말씀을 깨닫지 못함**.

② 어떤 징조 혹은 사건 ~ 끝은 아니나, 끝의 시작이다.
적그리스도가 예수의 이름으로 나타나서 큰 기사와 표적으로 미혹게 함(24:5).
거짓 선지자가 많이 일어나 미혹하며, 불법으로 많은 사람의 사랑이 식어 감(24:11-12).
난리와 난리의 소문, 민족이 민족을, 나라가 나라를 대적, 처처에 기근과 지진 등이 시작(24:6-8).
하늘에 무서운 징조들이 나타남. 많은 사람이 빨리 왕래하며 지식이 더하리라(단 12:4).
이스라엘 민족이 주께로 돌아옴(롬 11:11-32).
복음이 모든 민족에게 증거되기 위하여 온 세상에 전파되리니 그제야 끝이 오리라(24:14).

③ 믿는 자의 마음의 자세 ~ 재림의 때와 징조 못지않게 중요한 것은 믿는 자의 마음 자세이다.
끝까지 견디어야 한다(24:13).
산(교회)으로 도망하라. 지붕(기도)에 있으라. 뒤(세상 체면)로 돌이키지 마라. 아이 밴 자와 젖 먹이는 자(이는 남에게 은혜를 주지 못하는 자라는 뜻)는 화 있을진저.
이런 일들이 겨울이나 안식일에 되지 않도록 기도하라(24:20). 그러므로 깨어 있으라(24:42).
슬기(말씀) 있는 5처녀와 같이 등에 기름(성령)을 준비(기도)하여 깨어 있으라(25:1-13).
착하고 충성된 종이 되어 때에 따라 양식(말씀)을 나눠주며(24:45), 작은 일에 충성하라(25:23).
남에게 사랑을 베풀라(25:31-46). ~ 양과 염소의 비유

2. 요한계시록 예수께서 친히 쓰신 책 다니엘 7-11장을 기초로 하고 있다.

I) 서론 (1장) --- 네가 본 것

약 AD 90년경(요한이 약 80세쯤)에 모든 사도와 많은 성도들이 로마에 의해 거의 순교당하였고 요한만 살아서 밧모라는 섬에 유배되어 7교회에 대해 계시를 받은 것이다. 당시 로마는 60년대부터 전 세계를 통일시키며 '평화 통일' 이라는 명목하에 기독교를 핍박했다.

구름 타고 오시는 주님(7) ~ 주님의 신성으로 세상을 심판하시려는 재림 장면이다.

주의 날(10) ~ 아마도 유대교의 안식일과는 구분하기 위해 주의 날(주일)에 모여 예배드렸다.

일곱 금 촛대(12)는 성전 성령의 역사, 일곱 촛대는 일곱 교회(20)를 뜻한다. 발에 끌리는 옷(13)은 믿는 자를 위한 대제사장(백성의 죄를 용서)과 불신자에게는 재판장(공의) 등 두 계층이 입었다. 가슴에 금띠를 띠고(13)란 변치 않는 만왕의 왕이다. 흰 양털 같은 머리(14)는 인자와 공평을, 불꽃 같은 눈은 심령까지도 뚫어보시는 눈을, 일곱 별(16)은 교회의 사자(20), 검(16)은 말씀을 뜻한다.

엎드러져 죽은 자같이 되매(17) ~ 예수께서 "내로라"(요 18:6, 7), "사울아 사울아"(행 9:4).

2) 2–3장 소아시아의 7교회에 대한 계시(지금 있는 일)

(1) **에베소 교회**(2:1-7) ~ 사도 바울이 2, 3차 선교 때 전도한 교회요 두란노 서원을 세워 말씀을 가르친 교회. 아볼로, 디모데, 브리스길라, 아굴라, 사도 요한 등이 사역한 교회로서 역사와 전통 및 말씀의 뿌리가 있는 교회이다. 그러나 에베소는 마술이 성하여, 악귀를 쫓아냈으며, 여신 아데미를 섬긴 곳으로 심한 공격도 받았다(행 19:13-41). 행 19장은 에베소의 오순절이다.

① **거짓된 것을 용납지 아니함**(2). ~ 말씀을 중심으로 영적 분별력의 수고와 인내가 있음.

② **처음 사랑을 버렸음**(4) ~ 행 19:1-7의 성령 받았을 때의 첫사랑. 촛대를 옮기리라고 선포하심.

③ **니골라 당을 미워했음**(6) ~ 이것도 좋고 저것도 좋다는 자유주의 신앙자들이다. 또한 니골라는 영지주의자의 대표 교사인 것 같다. 영지주의는 예수께서 말씀이 육신으로 오신 것과 부활을 부인하므로 예수의 육신은 인정하나 신성을 부인하므로 이단(異端)이다. 또한 한번 예수를 영접하면 영혼이 정결하게 되므로 육은 어떤 죄를 지어도 상관없다는 논리다. 니골라를 유대교에 입교한 안디옥 사람 니골라(행 6:5) 집사와 동일 인물로 보기도 하나 확실한 근거는 없다.

주께서는 처음 사랑을 되찾으면 '**낙원**' 과 '**생명나무 열매**' 를 주신다고 약속하신다.

시대적으로 볼 때 AD 33-100년의 교회로, 사랑은 없고 형식과 의식만 남은 교회이다. '에베소' 란 'to relax or let go ' 즉 '긴장을 놓다, 편하게 지내라, 될 대로 되라' 는 뜻이라 한다.

(2) **서머나 교회**(2:8-11) ~ 서머나는 소아시아의 서 중부 해안의 다소 작은 도시이다. 서머나의 경제력은 유대인들이 쥐고 있었으며, 에베소의 형식 예배를 뒤따라 예수를 믿는다는 것은 엄청난 어려움과 핍박이 유대인(실상은 사탄의 회)들로부터 따라왔다. 대부분 성경 인물은 환난과 핍박과 어려움을 이겨낸 분들이다. 예수님도 마구간에서 태어나셔서 애굽으로 피신하셨으며 동족들로부터 귀신의 왕의 힘을 입어 귀신을 쫓아낸다는 등 심한 핍박을 받았다. 십자가의 승리는 이 모든 것의 종착역이 되었다.

에베소 교회는 풍성했으며 성령의 말씀 역사도 대단했으나 처음 사랑을 버렸으므로 촛대가 옮겨질 위기에 처했다. 그러나 서머나는 에베소와는 상반적이다. 훌륭한 사역의 기록도 없고 바울이 방문했다는 기록도 없다. 아마도 극히 작은 건물에서, 극히 적은 교인들로 구성되었으며 핍박을 엄청 받았다. 그러나 보잘것없는 교회에 '처음과 나중' 이시며 '죽었다가 살아나신 이' 가 위로하신다. ① 실상은 네가 **영적**, 육적으로 (사랑, 말씀, 헌신 등) **부유한 자라**. ② 엄청난 환난, 궁핍, 고난과 사탄의 회의 시험 가운데에도 **죽도록 충성**하므로 **생명의 면류관**을 받으며, **둘째 사망의 해를 받지 아니한다**. 시험은 받을 것이다. 그러나 (반갑지는 않으나) 예수께서 구해주시지는 아니하시고 "두려워하지 말라", "이기라", "죽도록 충성하라", "그리하면 ……."

알렉산더가 서머나를 세웠고, 태양신 제우스 제단이 있었다가, 로마 황제를 섬기는 단으로 되었다. 100년부터 312년까지의 콘스탄티누스 대제가 기독교를 국교로 인정하기 前이다.

'서머나' 란 'crushed myrrh' 인데 '뭉긴 방부제 몰약' 이라는 뜻이다. "10일 동안 환난을 받으리라"(10)는 로마 10代에 걸친 황제의 핍박이다. 폭군 네로(AD 54-68)는 아내와 모친 그리고 형제들을 다 죽인 후, 로마 시에 불을 질렀다. 네로에 의해 바울과 베드로가 순교하였다. 67년에 베드로가 거꾸로 순교당했다고 전해지며 이때 "쿼 바디스 도미네(Quo vadis Domine)" 말을 남겼다.

두 번째 박해자가 자칭 '주피터(목성) 신' 이라 하는 도미티안 황제인데 경배하지 않는 요한을 끓는 가마에 던졌으나 죽지 않아 밧모 섬에 유배보냈다. 그러나 순교자에게는 내일이 있었다.

베드로의 수제자 이그나티우스, 폴리캅, 저스틴, 오리겐과 그의 부친, 시프리안, 카타콤 땅굴.

(3) **버가모 교회**(2:12-17) ~ 버가모는 7교회 중 가장 북쪽에 위치하며 소아시아의 수도였고 바벨론 종교의 본고장으로서 헬라 문화가 발달한 곳으로 일찍이 로마에 충성하니 제우스 신과 황제를 위한 거대한 신상(사탄의 권좌)을 각각 2개씩 건설한 곳이다. 그래서 목회자들이나 성도들에게 외적, 내적 적이 있었다. 좌우에 날선 검을 가진 이(12, 모압 평지에서의 발락이 발람을 꾀었을 때 나귀가 알아봄, 여리고 성 앞에서 여호수아에게)의 말씀이다. 이들 중 (지금도 마찬가지임) 황제에게 아첨하는 목회자들도 있었다 한다. 세상과 타협하거나 정신적 창녀에게 외적인 핍박이 있었는데 **안디바**(누구인지는 모름)의 순교로 외부의 적을 이겼다. 내부의 적에게는 약해서 ① **발람**이 이스라엘을 저주하려 했으나, 이를 극복했다. 그러나 발람이 우상(재물로 봐야 함)과 음행(변질된 세속적인 message일 것임)으로 유혹했을 때 (교회지도자들이) 못 이겨 24,000명이 죽었다. 결국 발람은 여호수아에게 죽는다(민 25장 이하). 즉 돈과 정욕에는 약하다. ② **니골라**(2:6)~ **영지주의와 헬라 철학이 결합**된 것이다. '영지' 는 예수께서 말씀이 육신으로 오신 것과 부활을 부인하므로 예수의 육신은 인정하나 신성을 부인하므로 이단(異端)이다. 그를 유대교에 입교한 안디옥 사람 니골라(행 6:5)와 동일인물로 보기도 하나 확실한 근거는 없다.
*** 극히 경계할 악의 3무리 ~ 발람(영적 음행), 니골라(세상과 타협), 이세벨(왕상 18장) ***
회개하여 이기는 자에게 감추었던 **만나**(법궤 內)와 새 이름을 새긴 흰 돌(무죄증서)을 주심.
버가모 교회는 312년 콘스탄티누스 대제가 기독교를 공인하여 Catholic을 탄생케 한 후부터 590년까지. 버가모란 'Marriage' 즉 '결혼' 이라는 뜻이다. 즉 당시의 바벨론의 본고장 니므롯과 이쉬타 그리고 어린 남자아이를 기독교인 것처럼 속인 것을 말한다. 즉 **타 종교와 혼합한 교회**.

(4) **두아디라 교회**(2:18-29) ~ 버가모 교회의 세속적 타락보다 한 걸음 더 나아가 비성서적인 가르침으로 교회가 완전 변질된 형태로 교회에 대수술이 필요하다. 빌립보 자주장사 루디아의 고향이다. (사람의 중심을 아시는) 눈이 불꽃 같고 (심판의 두려움인) 발이 주석 같다(18).
상인이나 조합 등의 단체가 많은 것 같으며, 거짓 여선지자 **이세벨**을 용납했구나(20). 이세벨은 두로 바알 제사장의 딸 공주로서 북 이스라엘의 아합의 왕비로 되었다가 북 이스라엘은 물론 딸 아달랴를 여호사밧의 며느리로 시집 보내 양국을 초토화시킨 장본인이다. 치맛자락 힘이 대단한 것 같음. 여기서 이세벨이란 (추측하건데) 본래는 이방 신전(점쟁이)에서 女 사제 노릇하다가 기독교로 개종하여 교회 內에 성령 받는 것이 아니라 악령의 점술을 끌어 온 것인 것 같다.
이기어 끝까지 지키는 자는 **만국을 다스리는 권세**를 주신다(26). **새벽 별**(존귀함)을 주리라(28).
두아디라란 'mass(미사)' 즉 '반복되는 제사' 라는 뜻으로 590년에서 1517년까지 루터의 종교개혁 前까지의 중세 유럽 교회의 암흑 기간이다. 많은 신실한 종교개혁자들이 교황청에 의해 처형되었다.
행함으로 구원, 고해성사, 제사의식, 면죄부, 사제제도, **성경을 읽지 못하게 함** 등 온갖 잘못을 저지름.

(5) **사데 교회**(3:1-6) ~ 친목, 웃기는 말, 건물, 교인도 많이 있어서 살아 있는 교회인 줄 알았는데, 성령의 역사를 방해하고 진정한 주의 종이 없으므로 **거의 죽은 교회** 즉 Catholic을 말한다. 참된 교회를 부인하는 경우는 성령의 역사 특히 은사(예, 귀신 쫓는 일)를 부인하거나, 형식, 제도, 교회 헌법에 치중하는 경우이다. 1517년(Martin Luther의 종교개혁)에서 1750년의 종교개혁 시대를 말한다. '사데' 란 'Those escaping' 즉 '도망친 사람들' 이란 뜻이며 "나의 의인은 믿음으로 말미암아 살리라"(히 10:38)로 바뀌어야 한다.

(6) **빌라델비아 교회**(3:7-13) ~ 빌라델비아는 소아시아의 내륙으로 들어가는 관문, 통로이었기에 門에 관한 말씀이 나오고, 지진지대였으므로 기둥 말씀이 나온다. 적은 능력(아마도 규모면에서 너무 약해 재정적으로 어려움이 많았을 것)을 받았으나 신앙적으로는 든든한 교회이다. 다윗의 열쇠(7)란 정직한 힐기야의 아들 엘리아김에게 ① **다윗의 열쇠**를 맡기는데(사 22:20-22), 이는 하나님 나라의 모든 것을 온전히 관리하는 권한이다. 또한 ② **열린 문**(8)이란 복음을 전달하는 수단으로 당시에는 선교와 전도이다. 비록 가진 것 없으나 내게 있는 것을 네게 주노니……. 현재는 의료, 기술, 영어 등 power일 것이다. 자칭 유대인, 사탄의 회당과 거짓 선지자의 유혹에 넘어가지 아니하고, 오히려 그들을 복음 앞에 무릎을 꿇게 했으니 지진이 발생해도 흔들리지 않는 믿음의 교회이다. 인내의 말씀을 지키었으므로 ③ **시험의 때를 면하게** 해 주신다(10). 아마 7년 대환란의 때를 말씀하는 것 같다. ④ **면류관**을 유지시켜 주신다. ⑤ 하나님 **성전에 기둥**이 되게 해주신다(12). 하나님 말씀은 절대적으로 인내의 말씀이다. 누가 인내했느냐에 달려 있다. 인내가 없는 믿음은 존재할 수 없다.

한인교회가 반드시 고쳐야 할 것이 바로 이런 점이다. 재력가나 권세가를 우대하는 실정이다. 한인 성도들의 믿음은 냄비 신앙이라 한다. 처음에는 확 불붙었다가 어려움이 오면…….

'빌라델비아' 란 'brotherly love' 즉 '형제의 사랑' 이란 뜻이다. 1750년부터 1905년까지로서 全 세계 복음 선교의 꽃을 피운 때이다. 영국에서는 중국을 선교하는 운동이 일어났으며, 요한 웨슬레 감리교, 구세군 운동, 성결교 등이 일어났다. 영국의 휫필드 목사가 영국 등 유럽과 미국을 복음으로 흔들었으며 에드워즈, 피니, 스펄전, 무디 등의 부흥사들이 성령의 역사를 불태웠다. 이 기간 초에 신앙을 더욱 견고하게 하려고 청교도들이 미국에 도착했고, 20세기 초에 방언의 은사가 교부 이후 다시 나타났고, 북한에서 평양 대 회개가 일어났다. 세계 1차 대전 바로 前까지이다.

(7) **라오디게아 교회**(3:14-22) ~ 십자가가 꺾인 교회, 보혈의 색이 pink인 교회, 완전 변질되어 영이 죽은 현대교회로 칭찬은 전혀 없고 책망만 있다. ① 북쪽에서 뜨거운 온천물이 흘러 남쪽 라오디게아로 도달하면 **열이 식은 상태** → 신앙이 아닌 종교적 체제유지에 관심 있거나 혹은 community 활동을 위주로 하는 교회로 생각함(15). ② 모든 것이 풍요롭고 부족한 것이 없다고 하는 자들? 토해 버리리라(16). 금융 산업이 발달하여 부유한 지역에 위치하여 모든 것에 부유하고 시설이 좋아 불편함이 없으나 **실상은 가난한 교회**이다. ③ 유명한 의과대학이 있었고 특히 안과가 유명해 안약에 특효가 있으나, 아무 소용이 없는 **영적 소경**이다. **열심을 내라. 회개하라**(19).

① 부유한 자가 되려면 불(믿음의 시련)로 연단한 (순수한 정금)금이 있어야 한다(벧전1:7).
② 흰 옷을 사서 입으라(18). ~ 처음 뜨거운 신앙 상태로 돌아가라. 성결을 유지하라.
③ 안약을 사서 바르라(18). ~ 말씀, 기도, 은사를 통한 영적 분별력. 하나님 뜻을 아는 것.
④ 마음 문을 열라(20). ~ 하나님의 역사를 가감하지 말고 있는 그대로를 순수하게 몽땅 받으라.

'라오디게아' 란 'Right of laity' 이며 '평신도 권리' 라는 뜻으로, 목회자들이 설교 잘하려고 교회의 외적 성장에 눈이 어두운 반면, 교회의 실질적 봉사에 평신도들의 활동이 더욱 왕성하다. 그러나 평신도들이 너무 지나쳐 우매한 목회자의 고유권을 침범하는 현상은 고쳐져야 한다.

1905년부터 현재까지 유럽 특히 독일에서 발달한 이성주의, 과학주의, 역사적, 고등 비평(성경을 허구, 신화로 생각), 해방신학, 자유주의(多神論), 신신학(新神學, 동성연애를 인정), 또한 칼 알타이즈 신학박사가 "신은 죽었으니(死神論) 신이 없는 교회를 세워야 한다" 고 주장했다.

3) 4장 천국 예배(장차 될 일, 교회의 휴거로 보기도 함)

24장로(4:4) ~ 순차적으로 24제사장들이 제사를 집행했다(대상 24:7-18). 12지파 및 12사도를 의미하여 신구약 하나님의 백성을 대표한다. 충성된 그리스도의 신부들. 숫자에 치중하지는 말라.

네 생물(4:7) ~ 사자(맹수의 왕, 마태), 송아지(가축의 으뜸, 마가) 사람(인자, 누가) 독수리

등불 일곱(4:5, 슥 4:2) ~ 성령의 빛으로 감추인 것까지 모두 드러남.

하늘 문이 열린 경우 ~ 세례(마 3:16), 스데반의 순교(행 7:56), 기도(행 10:11), 십일조(말 3:10)

교회의 **휴거**설로 보는 근거들

(1) 4장부터 19장까지는 '교회' 라는 용어가 안 나온다. 이 기간을 7년 대환란이라고 하며 이때 지상에는 더 이상 교회가 존재치 아니한다. 몸의 머리이신 예수께서 이미 십자가에서 심판을 받으셨기에 몸의 지체인 성도나 교회는 두 번째 심판인 7년 대환란을 통과할 이유가 없다.

(2) 하늘에 열린 문을 통하여 유일한 생존자 사도 요한도 나팔소리와 같은 "이리로 올라오라" 라는 음성을 따라 장소가 지상에서 천상으로 바뀌기 때문에 데살로니가전서 4:16-17과 동일한 휴거(성경에 '휴거' 라는 용어는 없음)이다. 휴거의 공중강림(재림이 아니라)은 세상 불신자를 위한 강림이 아니고, 믿고 죽은 자의 부활과 지상에서 기름을 준비한 주의 신부를 데리러 오시는, 마치 철분이 자석에 끌려 진공기에 흡수되는 것 같은 강림이다. 공중에서 주를 영접하여 7년 공중혼인 잔치가 있게 된다. 지상에서 7년 대환란이 마친 후(아마겟돈 전쟁 후), 주께서 공중에 있던 성도와 함께 지상으로 오시는데 이를 두 번째이므로 지상 재림이라 한다. 공중 강림은 도적같이 이루어지나, 지상 재림은 만인이 다 보는 앞에서 행해지며 악의 무리를 최후 심판하시려고 오시는 것이다.

(3) 노아의 때와 같이 인자의 임함도 그러하리라(마 24:37). 노아 가족 8명은 이미 안전한 방주 안에 피신처를 주시고 홍수 심판이 벌어졌다. 이는 믿음으로 피신한 것이다. 소돔과 고모라의 경우도 마찬가지이다. 롯 가족에게 먼저 "빨리 도망치라" 고 명한 후 하늘에서 불과 유황이 떨어져 소돔을 심판하셨다. '때' 는 상황을 말할 수도 있으며, 고센 땅에 있던 이스라엘에 재앙은 전혀 없다.

(4) 시험의 때를 면하게 해주신다(계 3:10). '면하게 해주신다' 와 '통과' 는 서로 다르다(참고로 '면하다' 는 '완전 없게 해준다' 는 뜻이라기보다 'reduce' 즉 '감해 주신다' 는 뜻이다.)

(5) 두 사람이 같이 밭을 갈다가, 두 사람이 함께 잠을 자다가, 남은 사람은 슬피 이를 갊.

(6) 이스라엘의 혼인 잔치에도 남편이 신부 집에 먼저 가서 일정 기간을 유한 후,

(7) 10처녀 비유에 슬기로운 5처녀는 신랑을 맞이함.

(8) 처소를 마련하신 후, 내가 다시 와서……**나 있는 곳에** 너희도 있게 하리라(요 14:3).

그러나 휴거의 대부분은 비유이며, 당시 급박하고 핍박의 상황을 알려줬을 가능성도 다분하다.

5장 두루마리(토지증서)와 어린 양(증서를 뗄 수 있는 권세자)

일곱 인(1, seven seals, 하나님의 언약의 일곱 인으로 인봉된 아담이 범죄 前 토지 권세 증서로서 범죄함으로 마귀에게 이양되었음. 눅 4:5-7 참조), 유대 지파의 사자(lion) 다윗의 뿌리(5), 어린양(6, 히브리어에는 '귀염둥이 어린양') 일곱 뿔(6, 완전한 권세), 일곱 영(4:5, 5:6, 그리스도의 죽음과 부활, 그리고 심판의 영, 혹은 지상에서는 보혜사로 천국에서는 일곱 영으로 불린다는 말도 있다), 일곱 뿔(하나님의 권세 및 힘)과 일곱 눈(성령의 전지)은 하나님의 전지전능이다(6). 거문고(8, 찬양)과 금 대접(8, 성도의 기도) 자격자: ① 사람이어야 함(천사는 안 됨). ② 죄가 없는 여자의 후손 ③ 토지 무를 권세자 ④ 피 흘림으로 청산하심. 무르실 때 **어린 양이 lion**으로 됨.

4) 계시의 축(땅 무르기, 마귀의 심판) ~ 일곱 인, 일곱 나팔, 일곱 대접 등 심판

6장 일곱 인봉을 떼심(前 3년 반의 시작)

어린 양이신 그리스도께서 인봉을 하나씩 뗄 때마다 재앙이 생김.

첫째 인 : 흰 말을 탄 자(2) ~ 흰 말을 탄 자가 누구인지는 확실히 알 수 없으나(분명 주님은 아님) 당시 로마 장군이 개선할 때 흰 말을 탔으며, 거짓 화평인 승리를 외치는 적그리스도일 것이다. 흰 말을 탔으므로 외교 정치 군사 재정적으로 실력가이다. 예수님은 이미 십자가에서 이기셨기에 이기려고 애쓰시질 아니하며, 말씀의 검으로 싸우시지 활로 싸우시질 아니하신다.

둘째 인 : 붉은 말(3, 4) ~ 평화를 없애는 서로를 증오하는 살인적 분노(가인의 분냄). 붉은 말은 전쟁과 피이다. 성전(모리아 山) 짓는 영적 전쟁에서 10나라를 등에 업은 10억의 모슬렘 국가와 이스라엘의 전쟁에서 수많은 사람이 죽으며 모슬렘(이스마엘의 후손) 국가가 결국 패한다.

셋째 인 : 검은 말(5, 6) ~ 전쟁 후에 남은 것은 극심한 가난과 기근 그리고 경제적 파탄뿐이다. 한 데나리온으로 먹을 것이 없으니 겨우 저울에 달아 비싸게 사나, 감람유와 포도주는 하나님께 드리는 것이므로 해치지 못함.

넷째 인 : 청황 말(7, 8) ~ 창백한 죽음의 '사망과 음부' 라는 짐승이 인류의 4분지 1을 죽임. 대량 살상 무기 등으로 순간적으로 죽임을 당함.

다섯째 인(9-11) : 아마도 하늘에 있는 성전 제단일 것이며, 순교자들이 하나님께 탄원하길 "(이 재난이) 언제까지입니까?" 흰 두루마리(영광의 죽음, 위로의 옷)를 주시며 순교자 수가 덜 찼기에 다(full) 차기까지 조금만 더 기다리라.

여섯째 인(12-17) : 인류 대 심판 장면인 천재지변. 큰 지진, 해, 달, 별, 땅, 하늘 등. 천지는 불사르기 위해 잠깐 간수된 것임(벧후 3:7). 이 하늘과 땅은 결코 영원한 곳이 아니며 반드시 심판의 때가 온다. 사람이 심판받고, 지구가 심판받으며, 하늘도 심판받게 된다.

7년 **대환란**의 성경적 근거는 어디에 있는가?

1〉 다니엘 9장에 기도 중 '70이레' 를 응답을 받는다. 예루살렘 성을 중건하라는 命에서 62이레 후에 기름 부음 받은 자가 끊어져 없어질 것이며(26), 즉 중건 命(BC 445년)부터 일곱 이레 후에 느헤미야를 중심으로 성이 완성(BC 396년)되었고, 마지막 십자가 지시기(AD 33년, 약 5년 차이, 연 360일)까지 434년(62이레, 총 69이레가 소요됐음)이 지나가게 된다. 마지막 남은 한 이레(7년)는 한 왕(26, 가증한 것, 적그리스도를 말함)과 이스라엘 상호 언약을 굳게 한다. 前 3년 반은 비교적 약속을 이행하여 환난이 좀 덜하나, 後 3년 반의 初에 적그리스도가 약속을 깨고 성읍과 성소와 제사를 파하여 피 흘림의 전쟁이 있게 된다. 남은 한 이레를 7년 대환란이라고 부른다.

2〉 이스라엘이 2000년 동안 나라가 없다가 섭리 가운데 기적적으로 1948년 5월 14일 독립을 선언하였다. 크고 작은 많은 전쟁을 이스라엘은 치를 수밖에 없었으며, 이스라엘은 군사력이 필요하고, 적그리스도는 경제력이 필요하니 서로 약조를 맺는다. 약조를 맺는 순간이 첫째 인을 떼는 7년 대환란의 시작이다. 이스라엘의 마지막 소원은 현재 모리아 산에 하나님의 성전 건축인데 모리아 산에 이슬람 사원이 있다. 이를 헐고 성전 건축해야 하기에 군사력이 필요하고, 열 나라는 재정이 필요하다. 따라서 10억의 이슬람 교도와 600만 유대인과의 전쟁은 반드시 있을 수밖에 없다. '열 나라' 라는 개념은 유럽 10개국으로 혹은 주변 많은 나라들이라고도 본다.

7장 승리한 무리 144,000명(여섯 번째 인과 일곱 번째 인봉 사이)

구약의 12지파와 신약의 12사도를 총망라한 예수 안에서의 모든 많고 많은 성도를 말한다. 각 12지파마다 동일한 12,000씩 인 맞은 점도 특이하나 양적 숫자 자체에 의미를 부여하지는 말자.

당시 로마는 기독교 진멸을 원했기에 계시록의 거의 모든 숫자는 암호적인 내용이 많다.

'에브라임' 지파와 '단' 지파가 없어진 점도 생각해 봐야 한다.

'단' 지파가 사라진 것은 단에서 **적그리스도**가 나온다는(창 49:17; 렘 8:16) 일설에 근거하며, 사사때 블레셋을 피하여 일찍이 평안하고 안전한 북쪽 라이스(후에 지명이 '단' 으로 바뀜)로 도망했기 때문이라고도 본다. 요셉의 아들인 에브라임이 포함되어 있는데, 이는 에브라임 대신 요셉의 이름으로 단순 **switch**했을 가능성도 있다. 또 다른 가능성은 북 이스라엘의 초대왕 여로보암이 금송아지를 단과 벧엘(에브라임의 지역)에 세운 것에 대한 심판 형식일 수도 있다(왕상 12:25-30).

이마에 인 친다(3)는 것은 고대에 주종 및 소유 관계를 뜻한다. 이 144,000명은 휴거 후, 前 3년 반 동안의 이삭줍기의 전도자로 보기도 한다. 이들을 통해 셀 수 없는 큰 무리가 구원받는다(9).

흰 옷(그리스도의 보혈로 씻음 받은 순결)을 입고, **종려나무**(환난에서의 승리)를 들고, 보좌와 어린 양 앞에서 찬양할 때, 모두 '**아멘**' 함. 하나님께서 거룩한 **장막**이 되어 주시며(15), 배고픔이나 목마름 상함이 전혀 없으며(16), 어린 양이 친히 목자가 되셔서 **생명수 샘물**로 인도해 주신다(17).

8장 일곱 번째 인과(첫째~넷째) 나팔 재앙

일곱 번째 인과 일곱 나팔의 재앙을 동일하게 봐서(2), 일곱 나팔의 재앙은 일곱 번째 인봉을 보다 구체적(마치 불꽃놀이, prism 효과같이)으로 묘사하고 있다고 봐야 한다. 반시간(30분)의 고요는 다음에 나오는 더 큰 심판에 대한 숨고르기 기간으로 볼 수도 있다.

일곱째 인(1-5) ~ 모든 성도의 기도들을 천사가 향로에 담아 하나님께 올라감.

또 다른 천사(3)는 분명 대제사장이신 예수 그리스도이시다. 왜냐하면 대제사장만이 1년에 1차씩 지성소 안으로 기도의 향을 가지고 들어갈 수 있기 때문이다. 천사는 물론 들어갈 자격이 없다.

제단 위의 불을 땅에 쏟으매(5)란 성도들의 기도가 응답되었다는 표시이다.

첫째 나팔(6-7) ~ 피 섞인 불 우박에 땅, 수목, 푸른 풀의 3분의 1이 타 버림.

둘째 나팔(8-9) ~ 풍부함과 복의 근원인 바다와 배들의 3분의 1이 죽고 깨어짐. 불붙는 산이 화산처럼 바다에 떨어짐. 그러니 바다와 배들의 3분의 1이 파손됨.

셋째 나팔(10-11) ~ 큰 별(큰 영향력이 있는 사람)이 떨어져 샘물(진리)의 3분의 1이 쑥(거짓 교리, 거짓 종교의 창시자)으로 되어 많은 사람이 죽음. 결국에는 쓴 것, 피와 죽음만 남게 됨.

쑥은 또한 대량 살상 무기인 핵폭탄이나 생화학 무기 등으로 생각된다.

이스라엘의 쑥(11)은 독성이 없으나 쓰기 때문에 하나님의 심판을 통한 쓰라린 고통을 의미한다.

넷째 나팔(12-13) ~ 해, 달, 별(자연의 힘)들의 3분의 1이 빛을 잃음. 애굽에 내렸던 10재앙과 예수께서 십자가에서 죽으실 때의 상황과 거의 흡사함. 사람들이 의지하고 믿었던 무생물, 하늘과 땅, 그리고 바다뿐 아니라 생물까지도 멸종 위기로 치닫는다.

독수리가 앞으로 있을 세 나팔의 "화, 화, 화"라는 무서운 심판을 예고한다.

9장 사탄의 활동과 2억의 군대(다섯, 여섯 나팔 재앙)

다섯째 나팔(1-11) ~ 하늘에서 떨어진 별(1)은 아침의 아들 계명성(사 14:12, Lucifer)이 하늘에서 땅으로 떨어진 '사탄' 으로서 다섯 번째 나팔은 사탄의 최후의 활동이다. 이마에 하나님의 인 맞지 아니한 사람에게는 죽으려 해도 죽지 못하는 극한 고통의 상태이다. 사탄에게 무저갱의 열쇠를 주셨다(1). 무저갱(1)은 헬라어로는 '아비스' , 영어는 abyss 혹은 'chaos' 로서, 끝없는 깊은 굴속 혹은 혼돈이라는 뜻으로 귀신을 잡아 놓는 감옥이다. 귀신이 예수께 무저갱으로 들어가지 않도록 간구한 곳이기도 하다(눅 8:31). 음부의 권세(마 16:18)가 반석의 교회의 권세를 이기지 못한다. 음부의 전략 중 하나는 하나님께서 창조하신 자연 파괴이다. 범죄한 천사들을……어두운 구덩이에 두어……(벧후 2:4) 자기 처소를 떠난 천사들을……흑암에 가두셨으며(유 1:6).

귀신들이 땅 위로 올라옴(3). 이 땅이 갇혔던 귀신들의 활동 무대가 됨. 가장 아프게 쏘는 전갈, 뱀(사탄)과 전갈(귀신)을 밟으며 원수의 모든 능력을 제어할 권세를 주셨음(눅 10:18-19). 황충을 현대식 무기인 탱크로 생각하기도 한다. 푸른 수목은 해하지 말고, 이마에 **하나님의 인침을 받지 아니한 사람만 해하라**(4).

죽고 싶어도 죽지 못한다(6). 황충들의 모습은 강하며 멋있고 몸짱이며 얼짱이다(7-10).

그 대장(두목)은 '아바돈' 인데, '아바돈(11)' 은 히브리어이며 '멸망의 고장' 이라는 뜻으로 음부인 '스올' 과 같은 사탄의 이름이다. 헬라어로는 '아볼루온' 이라 하며 '파괴자, 멸망자' 라는 뜻이다.

이후로는 인간에 대한 심판이다. (둘째 화)

여섯째 나팔(12-21) ~ 무수히 많은 2만만의 군대의 말(16절, 대량 살상 무기 혹은 사탄의 졸개 마병으로도 볼 수 있음. 말이 무슨 말일까?)의 입에서 불, 연기, 유황이 나와서 사람의 3분의 1이 죽음. 이 전쟁은 後 3년 반에 있을 아마겟돈 전쟁으로 추정되며 계시록 19장에 자세히 언급된다.

강을 건너는 **십자가의 용서**와 뿔의 권세는 마병을 이기는 **십자가의 승리**이다.

유브라데 강(14)에 대하여 ~ 티그리스 강과 함께 근동 지역의 고대 문명의 발생지이다. 고대에는 아르메니아에서 발원하여 바벨론, 바사, 우르 지역의 Gulf of Persia까지 약 3,600km정도였다. 이 강은 성경에 특히 창세기와 계시록에 언급되어 있는데 **반역의 땅**으로 알려지고 있다. 왜냐하면 아담이 범죄한 에덴 동산의 4강 중 하나이고, 가인이 아우 아벨을 죽인 후 살았으며, 바벨탑이 있었던 곳이다. 또한 아브라함이 이 '강을 건넜다' 하여 히브리인이라는 유래가 되고 있으며 '큰 강' 이라 표현되기도 한다. 계시록에는 상술한 대로 하나님의 심판이 임하여 불신자들이 많이 죽는 곳이며(계 9:14), 강물을 마르게 하여 동방에서 오는 세력이 이스라엘을 공격할 것이다(계 16:12).

10장 작은 책(후 3년 반 환난을 기록한 말씀?) 두루마리를 가진 힘센 천사

힘센 다른 천사는 구름(영광)을 입고 하늘에서 내려오는데, 머리 위에 무지개, 얼굴은 해 같으니 분명 예수님이시다. 일곱 우레의 비밀은 아무도 알 수 없으나, 지체하지 아니하리라(6)를 봐서 아마도 조만간 있을 後 3년 반의 환난일 것이다. 앞으로 일곱 번째 나팔이 불려질 때, 일곱 대접 심판이 있으며, 그 후에 예수께서 이 땅으로 구름 타시고 재림하신다.

작은 두루마리는 말씀으로 먹는 것이며, 달지만 배에서는 쓰므로, 아마도 後 3년 반 환난을 기록한 하나님의 말씀인 것 같다. 후 3년 반에는 적그리스도가 짐승으로 변하여 계약을 파기하여 유대인을 중심으로 대량 학살 및 파괴가 이루어진다(11~19장).

11장 두 증인과 일곱째 나팔(後 3년 반의 시작)

적그리스도는 이스라엘과 7년 계약을 맺었으나, 이를 파기하고 유대인을 전멸하려는 최후 전쟁을 준비하는 때에 하나님의 성전을 측량하게 된다. 성전터는 모리아 산에 있으며, 현재 이 성전에는 모슬람의 대성전인 '모스크'가 설립되어 있다. 모리아 산은 아브라함이 이삭을 번제로 드렸던 곳이요, 원래 성전의 돌 위에 돌 하나도 남지 못하리라(마 24:2)는 예언이 이루어진 곳이다. 이를 헐고 유대 성전을 짓도록 2억의 아랍이 용납할 리 없다. 유대인들의 유일한 소원은 이곳에 성전을 짓는 것인데, 前 3년 반 동안 유대 성전으로 되었던 것 같다. 그러나 그 거룩한 성을 42달 동안(계산하여 3년 반, 1260일, 한 때 두 때 반 때, 모두 같은 기간으로 後 3년 半을 말함) 적그리스도에게 무참히 짓밟히게 된다(2). 단 9:27과 마 24:15-16 참조. 그때에 유대에 있는 자들은 산(기도 처소)으로 도망할지어다.

두 증인(3)은 누구일까? 이는 기름 부음 받은 자 둘이니 온 세상의 주 앞에 선 자이라(슥 4:14). 왕상 17:1 이하에 **엘리야**(선지자를 대표)가 하나님께 기도하니 3년 반 동안 비가 오지 않았다(6). 출 7장에 **모세**(율법을 대표)가 강을 치니 피로 변하는 재앙을 행함(6). 이들이 주의 복음을 전함.

두 감람나무도 두 증인과 같다. 또는 신실한 증인, 신실한 **구약과 신약의 교회** 등으로도 본다.

그 후 무저갱에서 올라온 짐승, 즉 적그리스도가 그 두 증인을 죽여서(7) 시체가 예루살렘 거리에 버려지는데(8), 예루살렘을 영적으로 소돔(**음란**의 본 고장) 혹은 애굽(**우상숭배**의 원산지)이라 하였다. 사람들이 그 시체를 보고 기뻐하며 축하하며 선물을 교환함. 그러나 3일 반 후, 두 증인이 살아 일어나 구름타고 올라가며 큰 지진이 나서 7천이 죽고 성의 10분의 1이 무너짐.

하늘의 일과 땅의 일이 구분된다(13). 하늘의 일은 하나님의 권세 감사 찬송 경배이지만, 땅의 일은 사탄의 유혹으로 땅이 패역하여 어두움에 멸망이다.

일곱째 나팔(14-18) ~ 셋째 화가 속히 이른다(14). 첫째 화는 첫째에서 다섯째 천사의 나팔 재앙이다(9:12). 둘째 화는 유브라데 강의 전쟁으로 사람 3분의 1이 죽는 여섯 번째 나팔이다. 마지막 셋째 화는 하나님을 끝까지 믿지 아니하는 자에게 내리는, 즉 後 3년 반의 거의 마지막인 아마겟돈 전쟁의 바로 前으로, 일곱 번째 나팔은 일곱 대접 심판과 동일하다. 예수께서 마귀로부터 이 세상을 다시 돌려받는다. 24장로가 하나님께 경배 드린다. 12장부터는 일곱 대접의 심판을 더 구체적으로 prism같이 설명하고 있다. 바울 사도에게는 로마 감옥이 지성소요, 사도 요한에게는 밧모 섬이 하늘의 지성소가 될 수도 있다. 피난처요 산성인 예수의 품이 영원한 지성소이다.

12장 하늘의 큰 전쟁, 여자와 붉은 용과의 전쟁(셋째 화의 시작)

여자는 누구인가?(1, 2) ① 여자를 **교회**라 보기도 하지만, 성경에 여자를 교회라 한 곳은 전혀 없다. 교회는 예수와 정혼한 약혼자요 처녀이기 때문에 해산하려는 여인은 결코 아니다. ② 여자를 **이스라엘**로 본다. 요셉이 창세기 37장 꿈에 해(해를 옷 입은, 아버지)와 달(발 아래의 달, 어머니)과 11별(12 별의 관, 형들)이 요셉(그리스도의 그림자)에 절한다. 즉 여인은 이스라엘의 모든 지파를 상징한다. 홀로 된 여인의 자식이……(사 54:1). 호세아서에는 집을 나간 여인이 이스라엘로 비유된다. 이스라엘이 하나님께 순종할 때는 '하나님과 결혼한 여인'으로, 하나님을 배반했을 때는 '이혼당한 여인'이나 '음녀'로 표현된다. 따라서 1, 2절의 **여인은 이스라엘**로 봐야 한다.

큰 붉은 용(3)은 누구인가? '용' 은 원래 바벨론 신화에 나왔는데, 바다에 큰 용이 바닷물을 휘저어 폭풍이 난다고 믿었다. 중국에서는 '용' 하면 특히 붉은 용을 말하며 이는 吉한 짐승이라 여겨서 우상화했다. 물론 용은 존재하지 않는 짐승이다.

(1) 큰 용, 옛 뱀, **사탄, 마귀**인데 루시퍼가 꼬리로 하늘의 별 3분의 1을 땅에 던졌다(4). 3분의 1의 천사들을 꾀어 땅으로 떨어지게 하여 **타락했다**는 뜻이다. 즉 반역자요 타락한 자이다. 땅에 떨어진 자, 궁창에 갇힌 자(창 1:6-8의 의미)이다.

(2) 큰 용 머리(나라를 뜻함)는 일곱이다. 머리를 ① 과거의 7대 제국으로 보기도 한다. 앗수르, 바벨론, 바사, 애굽, 헬라, 로마, 적그리스도 나라 등. ② 머리가 7이라 함은 머리가 굉장히 좋고 화려한 놈이라는 뜻도 되니, 다윗의 아들 '압살롬' 과 같이 머리가 영특하고 **아름다운 광명의 천사**이다.

(3) 뿔이 열이다. 뿔은 권세이고 열은 많다는 뜻이다. **많은 권세**를 지닌 자이다.

(4) 머리에 일곱 면류관(영광)을 썼다. 면류관이란 높아진 자라는 뜻으로 바벨론의 느부갓네살같이 마귀는 '스스로 높아진 자' 라는 뜻이다.

(5) 그 아들을 삼키려 한다. 한마디로 마귀는 능력, 권세 있고, 머리 좋고, 멋있는 놈이다. 마 6:13에 대개 나라(머리)와 권세(뿔)와 영광(면류관)이…….

여자가 낳은 아들(5)은 누구인가? 여자의 후손은 **예수 그리스도**이시다. 예수님은 죄인인 남자의 후손(seed)이 아닌 성령으로 죄가 없도록 하기 위해 여자의 후손(the Seed)으로 태어나셨다.

아담이 범죄한 후, "너(마귀)와 여자가 원수가 되고, 네 후손(귀신들)도 여자의 후손(the Seed 예수)과 원수가 될 것이며, 여자의 후손(He)은 네 머리(일곱 머리, 뿔, 면류관)를 상하게(bruise, 마구 빻아서 가루로 되다) 할 것이요 너는 그의 발꿈치를 상하게 할 것이다"(창 3:15). 그래서 이 땅의 권세 등 모든 것을 다시 돌려받겠다는 것이다.

결국 마귀는 여자의 후손인 예수를 죽이겠다는 피와 살인의 역사이다. ① 가인은 아벨이 여자의 후손인 줄 알고 죽였을 것이다. 왜 아우를 죽였을까? 마귀의 궤계이다. "가인같이 하지 말라. 그는 **악한 자**(마귀)에게 **속하여** 그 아우를 죽였으니"(요일 3:12). 즉 마귀의 작전에 말려 아우를 죽였다.

② 노아 방주 사건 후에도 마귀는 죽지 않는다. (마귀가) 노아를 술 취하게 하고, 그 아들 함을 악하게 만들어 그 후손에게 바벨탑을 쌓게 하여 하나님을 대적하게 했다. ③ 아브라함에게 육적인 아들 이스마엘을 주어 영적 아들 이삭을 희롱했다. ④ 에서는 야곱을 죽이려 했고, 에서 후손(아말렉)은 야곱의 후손인 이스라엘을 죽이려 했다. 모두가 후손끼리 '죽이느냐 사느냐' 전쟁이다. ⑤ 모세가 태어났을 때, 히브리인의 모든 남아를 죽이라고 바로 왕(마귀)이 명했다.

하늘의 용과의 큰 전쟁(12:7-17) --- 영적 전쟁

그 여인이 해산하니(4), 그 아이를 삼키고자 하더니(4, 헤롯이 2살 이하의 모든 아들은 다 죽이라 명함) 예수를 마침내 십자가에 못 박아 죽였다. 아들은 철장으로 만국을 다스릴 남자요 하나님 보좌 앞에 올려가더라(5, 부활 승천). (시 2:7-9 참조. 오늘 내 아들을 낳았도다……네가 철장으로 그들을 깨뜨림이여 질그릇같이 부수리라.) 따라서 사탄은 예수뿐 아니라 예수를 믿는 Christians을 죽이려 몸부림을 친다. 마귀의 결정적 실패는 예수를 십자가에 못 박아 죽인 것이다.

이때, 하늘에서 미가엘(Michael)과 큰 용이 대판 싸우는데, 결국 큰 용이 땅으로 쫓겨나는데, 옛 뱀 마귀 사탄이라고 한다. **땅에 떨어진** 마귀는 분내어, 박해하므로 여자가 뱀의 낯(적그리스도)을 피했으니, 전쟁터가 하늘에서 이 땅으로 옮겨진다. 귀신이 땅으로 쫓겨난다 함은 귀신을 쫓아낼 때(눅 10:17, 18)와 예수께서 십자가에서 승리하셨을 때이다.

예수는 승천하셨으나 마귀가 이 땅에 있는 자들을 죽이려 하니, 그들이 1,260일(後 3년 반, 42개월) 동안 광야로 도망하여 3년 반 양육(훈련, 연단, 어려움, 핍박 등)을 받는다(14).

하나님께서 **예비하신 곳**(6)이란? 그 여자가 큰 독수리의 두 날개를 받아 광야 자기 곳(6, 14)이란?

'광야' 를 ① 난공불락의 천연 요새인 모압, 현재 사해의 남동쪽에 위치한 요르단 영토의 '페트라(Petra)' 로 보는 설이 있다. 큰 독수리의 두 날개를 비행기라고도 보기도 하며 혹은 고난 중에 새로운 '독수리 같은 힘을 주신다' 라고 보기도 한다.

② 교회나 기도 처소 등으로 보는 견해도 있다. 마 24:16 이하에 그때에(3년 반을 말한다) 산으로 도망, 지붕 위에……이런 환난은 없었다. 출애굽 후, 광야 생활을 광야교회라 불렀다(행 7:38). 세례 요한은 "나는 '광야' 에서 외치는 자의 소리이다." ③ 소아시아의 7교회로도 본다.

뱀의 공격(15, 16) ~ 뱀이 입에서 물(군대)을 토해(이는 물이 강같이 많이 흐르게 한다는 뜻) 피한 자(믿는 자)들을 공격할 것이나(15), 땅의 (워낙 건조하여 물을 흡수하므로) 도움으로 뱀의 공격은 실패한다. 강같이 흐른다는 것은 거짓의 세속으로 교회를 진리에서 떠나게 한다는 뜻이기도 하다. 거짓 가르침, 자유주의, 인본주의, 쾌락주의, **유혹, 미움** 등. 당시에도 기독교를 핍박하기 위해 비인간적이며 쾌락적인 검투나 마차 경기는 모두 주일에 열렸다 한다. 지금의 Super Bowl 등.

용이 바다 모래 위에 섰다(17). ~ 자신의 정체를 만천하에 드러내 여자의 남은 자손 즉 믿는 자와 대판 싸우겠다는 모습이다.

13장 바다에서 올라온 짐승(적그리스도), 사람, 이름의 수 666

1〉 **바다**(지중해를 뜻하면서 많은 불신자 군중)에서 **올라온 한 짐승**(헬라어 성경에는 짐승 앞에 'the' 라는 정관사가 붙어 있으니, 사탄이 아니라 **적그리스도**임에 분명하다)이 나온다(1).

뿔('권세', '진리' 이나 여기서는 거짓 세력)이 열이요, 머리('나라' 로서 당시 '로마제국')가 일곱이라 그 뿔에는 열 면류관('영광' 이나 '네로 황제')이 있고, 머리에는 신성 모독(피조물이 하나님 앞에서 스스로를 높여 '신' 이라 하는 것) 이름이 있다(1). 다니엘 7장 8절에는 작은 뿔로 기록됨.

다니엘 7장의 짐승을 기본으로, 사자(사나움)의 입은 바벨론, 표범(빠름)은 헬라, 곰(힘)의 발은 바사를 말하는데, 이는 세 제국을 하나로 합친 것같이 강한 연합 형태의 국가로 볼 수도 있다(2, 3). 일곱 번째 머리가 칼에 상하여 죽게 됨(3). 이는 크게 상처를 입는다는 뜻으로 네로를 말할 수도 있다.

이 짐승 즉 적그리스도는 42개월(구약에서는 3년 반 동안 수리아 왕 안티오쿠스가 거룩한 하나님 성전에 제우스 신상을 세우고 돼지 피로 제사 드린 BC 168년 6월부터 BC 165년 12월 말까지의 기간이다). 동안 사탄의 사주를 받아 마지막을 호령하려 한다(5).

성도의 인내와 믿음으로 결국 그들이 사로 잡힐 것이며, 칼에 죽을 것이라.(10)

2〉 **땅에서 올라온 또 다른 짐승**은 두 뿔(11, 이는 거짓 선지자라고 추측됨)이 있고, 용처럼 말하며(속임수로 유창하고 설득력 있는 언변), 큰 이적(13; 막 13:22; 살후 2:9), 사탄의 권세로 짐승의 우상(15, 메아리처럼 우아한 소리), 이마에 표가 없거나 경배하지 아니하면 다 죽인다.

3〉 666의 정확한 해석은 아무도 모른다. **사람의 수**가 666이어서 **사람 이름의 숫자이니**(17), 네로 즉 NERON(N=50, E=6, R=500, O=60, N=50)의 숫자를 합한 숫자라고도 한다(18). 짐승이 자신을 절대화하여, 신의 위치에 올려놓고, 모든 사람들을 수하에 두어 추종하게 한다.

바다에서 올라온 짐승은 적그리스도, 정치가, 권력가이나 세 짐승(제국)같이 무자비하다. 반면, 땅에서 올라온 짐승은 양처럼 인자하지만, 속과 겉이 다른 거짓 선지자일 것이다.

14장 승리한 성도 144,000명의 찬송

시온 산(로마 황제의 도덕적 타락과 핍박에서 벗어난 피난처인 기도 처소를 말한다)에 **어린 양**과 **함께 144,000명**이 함께 섰는데 이마에 아버지와 어린 양의 이름이 있으며, 처음 익은 열매로서 하나님과 어린 양에 속한 자들이라. 그들의 자격은 ① 우상에 절하지 아니한, 여자로 더불어 더럽히지 아니하고(세상 풍습 따라가지 아니하고), ② 순결(이는 헬라어로 '미혼한 자'라는 뜻이나 이것이 독신주의를 말하는 것은 절대 아니다)이 있는 자, ③ 어린 양을 어디로 인도하든지 따라가는 자(좁은 문, 반석위의 집, 절대 믿음), ④ 구속함을 받아 처음 익은 열매(하나님께 바쳐진 존재), ⑤ 거짓말이 없고(진실) 흠이 없는 자(입술의 증거)이다(4-5).

세 천사의 messages ① 첫째 천사(6-7) ~ 영원한 복음으로서 우주와 만물을 만드신 **하나님께 경배**하라. ② 둘째 천사(8) ~ **바벨론은 멸망**한다. 큰 성 바벨론은 음행으로 인하여 진노의 포도주를 먹어서 무너진다. 바벨론을 로마 제국으로 표현한 것이 분명하다. 사치, 영광, 도덕적 음행과 부도덕이 로마나 현대 국가의 공통점이다. 또한 그들도 성도를 적대 또는 박해했다. 왜 수백 년 전에 망한 바벨론을 거론했을까? 바벨론은 하나님을 믿지 않는 니므롯의 후손이 세웠고 우상의 본고장이기 때문이다. 바벨론은 당시 철저한 인간이 세운 악한 로마를 뜻할 수도 있다. 로마는 음란 등 도덕 타락으로 멸망했다. 바벨론은 오늘날의 유럽이나 미국 등과 같은 초강대국을 말할 수도 있다. 현대 문명은 얼마나 편리한지! ③ 셋째 천사(9-13) ~ **우상숭배자는 멸망**하리라. 짐승과 우상에게 경배하지 말고 이름의 표인 666을 받지 마라. 이들은 불과 유황으로 타는 못에 떨어지는데 이 못을 헬라어로 '게엔나'라 하는데 게엔나는 예루살렘 바로 남쪽에 위치한 쓰레기 소각장인 '힌놈의 골짜기'를 말한다.

주 안에서 죽은 성도의 인내는 예수 믿음을 지키는 것이니라(12).

마지막 두 가지 추수 첫째는 **알곡을 위한 추수**(14-16)는 구름 위에 인자 같은 이(그리스도)가 금 면류관을 쓰시고 선한 행실 열매의 믿는 자를 모두 수확하심. 둘째는 **포도 추수**(17-20)는 거듭나지 못한 자의 쭉정이 추수이다(왜 포도 추수가 쭉정이인지 확실치 아니하나 추측건대 포도나무에 가지가 붙어 있지 아니한 가지를 말하는 것 같다). 마지막 때에 세례 요한이 알곡(불과 성령으로 세례 받음 → 곳간에)과 쭉정이(꺼지지 않는 불에) 추수를 외쳤다. 예수께서 알곡(말씀이 뿌려진 씨)과 가라지 비유를 하셨다. 즉 세상 사람은 둘 중 하나이다.

15장 마지막 재앙(대접 심판)의 준비 : 불의 유리 바다

계시록의 핵심인 마지막 재앙은 짧지만 가장 처절하게 7대접 심판이 곧 다가온다. 7인 재앙은 어떤 일을 opening하는 분위기라면, 7나팔은 고난받는 교회를 묘사했고, 7대접은 이 세상 나라에 대한 최후의, 그리고 마지막 돌이킬 수 없는 심판이다.

① 구원받은 백성이 불(연단, 고통)붙는 유리(정결) 바다를 지난 후, 모세와 어린 양의 노래(3)를 찬양한다. 이 찬양은 출애굽 직후, 모세가 하나님을 찬양했는데 이를 어린 양의 노래라 한다. 출 15:1-18까지의 내용은 천지를 창조하신 하나님께 찬양, 악에서 구원해 주신 하나님께 찬양, 앞으로 있을 열방(블레셋, 에돔, 모압, 가나안의 7족속)과의 전쟁에서의 승리를 예견함 등이다. 이는 짐승과 그 우상과 그 이름의 수(666)에서 이겼기 때문이다.

② 하늘에 증거 장막의 성전이 열린다(5).

16장 일곱 대접 심판(3 악의 축) 및 아마겟돈 전쟁(여섯 번째 대접)

일곱 나팔은 3분의 1만 심판받았으나, 일곱 대접은 전체적인 재앙이며, 동일한 재앙이라 봐야 한다.

첫째 대접(2) ~ 짐승 표를 받은 사람과 그 우상을 경배하는 자에게 악독한 종기(피부암?)가 생김.

둘째 대접(3) ~ 바다가 죽은 자의 피와 같이 변하여 바다의 모든 생물이 죽음(나일강이 피로 됨).

셋째 대접(4-7) ~ 강물이 피가 됨. 하나님의 심판은 의로우시다.

넷째 대접(8, 9) ~ 대접을 해에 쏟으니, **태양이 권세를 받아 뜨거워져서 사람을 태우나**, 회개하지 아니하고 오히려 더 완악해짐.

다섯째 대접(10, 11)~ **짐승(적그리스도) 보좌에 부으니**, 짐승의 나라(권세)가 어두워(기울어짐)지며 아프고 종기가 나지만 절대로 회개하지 아니함.

여섯째 대접(12-16) ~ 여섯 번째 나팔(9:13-18)에서 유브라데에 결박되어 있던 네 천사가 놓임을 받자 거대한 마병대가 침입해 사람 3분의 1을 죽였다. 그러나 16장은 강물이 말라(현재는 거의 다 말랐고 강 길이도 현저히 짧아졌음) 동방에서 오는 (침략국) 왕들의 길이 열리더라. 모든 악령들이 **아마겟돈**에 모여서 하나님의 권세와 능력에 도전하나 최종적 멸망을 당한다. 이때 주께서 도둑같이 **재림**하시는 것 같다(15). '**유브라데**' 는 유대인과 이방인의 경계 혹은 동양과 서양의 나눔의 잣대로 볼 수도 있다. 사람마다 교회나 국가마다 각기 유브라데가 있다.

개구리 같은 세 더러운 영 --- 용(사탄)의 입, **짐승**(적그리스도)의 입, **거짓 선지자**(13:11-16에 '작은 자' 로 표현된다)의 입

아마겟돈(16, Amageddon) ~ 갈멜 산 동남 북쪽에 위치한 (확실치는 않으나) 넓은 평원으로 이스르엘 골짜기 사이의 군사적 요충지로 예측된다. 역사적인 전쟁터로 여겨지며 주로 패배한 곳이다. 女사사 드보라와 바락이 가나안 왕을 물리치고(삿 5:19), 유다 왕 아하시야가 예후를 피해 도망가다 므깃도에서 죽었다(왕하 9:27). 바로 느고가 유다의 개혁왕 요시야를 죽인 곳이다(왕하 23:29-30). 히브리어 '아마겟돈' 은 '므깃도 山' 이라는 의미이다. 마지막 때, 사탄의 세력인 '마곡의 곡' 왕이 하나님의 백성과 싸울 최후의 결전장이다(겔 38:2, 39:2, 4, 17).

일곱째 대접(17-21) ~ 이제 되었다. 번개 음성 뇌성 큰 지진이 있었으나, 더 이상은 없음. 큰 성 바벨론(이 바벨론을 예루살렘으로 보기도 함), 각 섬, 산악도 없어짐. 큰 우박의 재앙이 심히 큼.

17장 짐승을 탄 음녀(타락한 종교)의 심판, 일곱 머리와 열 뿔(적그리스도)

음녀는 누구일까? 많은 물위에 앉은 큰 음녀(1)라 했는데, 이는 예레미야 51장 13절에 바벨론을 표시한 것이며, 계시록의 표현은 로마제국을 말하며, 앞에 있을 일에는 **타락한 종교 단체**이다. '많은 물' 이란 하나님의 진리를 대적하는 많은 미혹의 영들이라 봐야 하며, 두로, 니느웨, 바벨론에 많이 사용되었다. 음행의 포도주에 취했으며(2, 로마 제국의 멸망 시 음행의 정도가 그러하였고, 현대 문명국가가 그렇다), 그 짐승의 몸에 하나님을 모독하는 이름이 가득하고(3), 외모는 자줏빛과 붉은 옷, 보석으로 치장, 금 술잔을 가진다(4). 그 짐승의 속은 가증한 것, 음행의 더러운 것이 가득하다. 이름은 '큰 바벨론' , '로마' 이며 현대국가이다. 가증한 것들의 어미라(5). 성도와 예수의 피를 취했다(6). 짐승을 '네로' 로 보는 견해도 있으나, 그렇다면 계시록은 역사서에 불과하다. 해석면에서 악의 3축 영에 관해 말하기 때문에 '**이단 종교 집단**' 임에 분명하다.

짐승의 모습(7절 이하)은 ① 일곱 머리와 열 뿔(7, 12)을 지녔는데, 열 뿔을 로마의 열 명 황제라 보는데 이는 지나친 귀납법 접근이며, 시기적으로 계속 영적 지상 환난을 말씀하고 있다. ② 전에 있었다가 지금은 없으나, 장차 무저갱에서 나와(8)라는 표현은 사람이지만 일반 황제와는 다르다. ③ 여자가 앉은 일곱 산(로마에 일곱 산이 있었으며, 로마를 '일곱 산' 이라고도 불렀음)이 있음(9). ④ 왕은 일종의 제국으로 봐서 다섯(앗수르, 바벨론, 애굽, 메대와 바사, 헬라)은 망하였고, 계시록 당시에는 '로마(여섯)' 이며, 일곱 번째 머리는 **현대 대제국**이 될 것이다. 또한 전에 있었다가 지금 없어진 여덟 번째 나라는 **적그리스도 나라**일 것이다(10-11). ⑤ 열 뿔이 있는데 이는 많은 나라(?) 혹은 마지막 10대국이라 말할 수 있다(12). 10왕들이 모든 나라와 영광을 짐승에게 바치겠다고 함(13). ⑥ 아마겟돈에서 어린 양과 대적하다 짐승은 멸망함.

즉 사탄의 사주를 받아 적그리스도 활동하며, 음녀는 거대한 종교를 구성하여 용과 적그리스도를 이용하며 섬긴다. '많은 물' 이란 수많은 non-Christians의 모든 집단이다.

왜 **음녀**를 '**바벨론**' 이라고 했을까? 이 종교가 바벨론에서부터 시작했고, 그 숫자는 평화와 통합을 주장하므로 인원이 무수히 많다. 원래 우상에는 남신(男神)과 여신(女神)이 있는데 불행히도 女神이 숫자적으로 많다. '성모' 를 숭배하는 종교도 있으니, 원래 마리아는 신앙이 좋은 예수의 모친이시지, 결코 聖母라는 칭호는 잡종교에서 만든 것이다. 바벨론 종교는 니므롯의 후손 중에 '이쉬타' (영어 발음으로는 '이스터' 라 발음함)라는 여인을 우상화했다. 음녀의 결국은 前 3년 반은 적그리스도와 입 맞추지만, 後 3년 반에는 적그리스도로부터 버림받는다(16). 짐승이 음녀를 미워하여 망하게 하고 벌거벗겨 살을 먹고 아주 불살라 버림. 적그리스도가 음녀에게 결정타를 날린다.

'짐승' 은 하나님을 대적하는 정치, 경제, 군사, 웅변, 외모 등으로 사람들을 휘어잡기에 충분한 자이다.

'음녀' 는 적그리스도에 기생충이 되었던 현대 문명, 인본주의, 종교 연합 등의 사상이다.

18장 바벨론 즉 세상의 멸망

하나님을 대적하는 적그리스도의 수도이며 영적 큰 성 (후 3년 반 동안 막강한 권력으로 호령했던) 바벨론은 무너졌도다. '무너졌도다' 의 시제는 **미래 과거형**이다. 제국은 원래부터 컸던 것이 아니라 어느 날 갑자기 이유도 없이 커졌고 또한 갑자기 망했다.(예 바벨론, 바사, 로마, 영국 등) Why?

멸망의 원인 ~ ① 하늘에서 쫓겨난 용의 하수인, 귀신의 처소와 각종 더러운 영이 모이는 곳(2)이다. ② 소돔과 고모라같이 동성연애 등 음행의 진노의 포도주(3)를 마시는 도성이기 때문에. ③ 사치의 세력(3) ~ 경제적으로 수단과 방법을 가리지 않고 압박하게 된다. ④ 불의한 일(5) 각처를 다니는 선객들(17) 각종 악기를 부는 자들(22) ~ 순수 하나님을 찬양하는 악기가 아니라 선정적 환락적인 음악을 말한다. ⑤ 선지자, 성도 및 순교자의 피 때문에(24).

멸망의 상황 ~ ① 사망, 애통, 흉년, 불에 살라짐(8, 핵무기 등 대량 살상무기). ② (바벨론을 믿고 따라왔던) 땅의 왕들이 탄식함(9-10). ③ 상인과 더불어 무역하던 자들이 투자는 했는데 망하니까 울고 애통함(11-16). 돈줄을 로마가 가지고 있었음. 배의 선객과 선원들이 울고 애통함(17-19). 그러나 성도들이여 기뻐하라! 맷돌 같은 것을 바다에 던져 다시 보이지 아니하리로다(21).

5) 우주의 대역전 Drama

19장 어린 양의 혼인 잔치와 白馬 타신 분의 최후 승리

하나님의 구원하심에 무론대소하고 **영광의 찬송**을 드린다(1-5). ~ 정치적 바벨론(적그리스도)과 큰 음녀(이단 종파 집단)에 대한 심판을 하신 후, "할렐루야"로 찬양 드림.

어린 양의 혼인 잔치(6-10) ~ 혼인 잔치(마 22, 25장 참조)가 임박하여, 그 아내가 준비되었으며(7), 7년 환난이 끝나기 바로 직전에 이루어진다. 어린 양의 신부는 빛나고 깨끗한 세마포를 입었는데 이 세마포는 성도의 옳은 행실이라(8). 예수의 증거는 예언의 영('성령'을 말함)이라(10). 어린 양의 혼인 잔치에 청함을 받은 자들과 신부를 구별하기도 한다. 신부는 은혜시대인 교회에서 예수를 믿고 성령으로 거듭나서 들림을 받은 사람을 말한다. 반면 청함을 받은 자들은 들림을 받지 못한 들러리라 보기도 한다. 가장 기쁘고 즐겁고 풍요로운 혼인 잔치.

白馬 타신 주님의 모습(11-16) ~ ① 백마(개선장군)를 타셨으며, 이름은 '충신과 진실'이라(11). ② 불꽃같은 눈과 많은 (왕권의) 면류관과 이름 하나이다(12). 면류관은 왕관과 공동어로 쓰이며, 계시록에서는 짐승과 큰 음녀도 썼으나 '스스로 높아진'이라는 뜻이지만, 주님의 면류관은 왕권의 면류관이다. 예수는 그의 성도들에게 상급으로 면류관을 씌워 주시는데, 면류관의 종류는 시들지 않는 영광(벧전 5:4), 義(딤후 4:8), 생명(약 1:12; 계 2:10), 기쁨의 면류관(빌 4:1) 등이 있다. ③ 피(십자가 보혈로 거룩하게 됨) 뿌린 옷을 입으시고, 이름은 '하나님의 말씀'이다(13). 하늘에 있는 군대(천사)가 흰 세마포를 입고 그를 따름(14). ④ 입에서는 이(예리한, sharp)한 검(말씀)이 만국을 다스린다(15). ⑤ 옷과 다리에 '만왕의 왕이요 만주의 주'라는 이름을 썼다(16). 예수께서 심판하시는 모습은 입에서 나오는 검, 철장으로 깨뜨리는 장면, 그리고 포도즙 틀을 밟아서 사람들을 터트리신다.

최후의 전쟁, 아마겟돈 전쟁(17-21) ~ 짐승과 표적을 행하던 거짓 선지자를 잡았고, 우상에게 경배하던 자와 미혹하던 자들 모두 산 채로 유황 불 붙는 못에 던지고 검(말씀)으로 죽이다(20-21).

마지막 패배는 저주받은 패배이다. 예를 들면, 광야에서 고라 자손이 하나님께 반역하다 산 채로 생매장된 경우, 아이 성에서 패배를 가져다준 아간 혹은 하나님께 불순종하여 죽은 사울 왕 등의 화형식, 자기 힘만 의지했던 삼손 또는 골리앗은 모욕적인 죽음을 당했고, 거짓 선지자의 괴뢰가 되어 개의 밥이 된 왕비 이세벨 등의 경우이다.

20장 천년왕국 및 크고 흰 보좌 심판(양과 염소 심판이라고 보기도 함)

천년 왕국과 첫째 부활(1-6)~ 거짓 선지자와 짐승(적그리스도)은 잡힌 후 유황 불 못에 던져지나, 일곱 머리와 열 뿔을 지닌 큰 용 옛 뱀 마귀 사탄을 잡아 쇠사슬로 묶어 무저갱(불과 유황의 못이 아님)에 천년 동안 가둔다. 사탄을 천년 후 무저갱에서 잠깐 풀어 놓는다.

또한 4절에 보좌들에서 심판하는 권세를 (확실한 근거는 없으나) 양과 염소를 구별하는 심판으로 본다(마 25:31-46). 이 심판의 기준은 예수를 믿었는가 안 믿었는가가 아니고, '그리스도를 어떻게 대접했는가?'이다. 그리스도를 잘 대접한 자는 '양'으로 오른편에, 잘 대접하지 못한 자는 왼편 '염소' 무리에 들어가 영원한 불에 들어가는 형벌을 받게 된다. 첫째 사망은 육신의 사망이요, 둘째 사망이 영혼이 죽는 것인데 영혼이 죽는 것이 진짜 사망이다.

사탄의 패망(7-10) ~ 천년 후, 사탄이 다시 나와서 땅의 백성을 미혹하여 수많은 무리가 서로 싸운다. '곡'과 '마곡'은 헬라 문화의 중심지인 마게도냐 지역으로 추측하기도 한다. 구약의 적그리스도인 수리아 안티오쿠스(멸망의 가증한 것)는 무력을 앞세웠으나, 신약의 적그리스도는 사람을 미혹하게 한다. 미혹은 사람의 생각, 사상, 문화, 예술 등을 타락시키므로 무력보다도 훨씬 무섭다. 음악에 사탄의 음악, Ave Maria, computer video game, internet, 多神論 등 인본주의 사상으로 더욱 세련되게 성도들을 유혹한다. 사탄이 거룩한 성(예루살렘)을 포위하지만, 하늘에서 불 심판으로 태워 버린다. 악의 3축 마귀, 짐승 및 거짓 선지자가 불과 유황 못에 던져진다.

천년왕국설(說)에 관하여 ~ 천년왕국의 '일천'이라는 용어는 20:2-7까지 각각 한 번씩 총 여섯 번 나온다. 천년왕국이란 사탄이 무저갱에 갇힌 기간이 1천년으로서 지상에서는 죄가 없는 지상낙원의 기간 동안 성도는 예수와 함께 이 땅에서 천년 동안 왕 노릇 한다 하여 붙인 이름이다. 초기 성도들의 대부분은 문자 그대로 믿었던 것 같다. 이사야서에 독사 굴에 어린이가 손을 넣어도……사자가 어린 양과 함께 뛰논다 등을 인용한다. 그러나 어거스틴은 이에 반대했다.

① 전천년설 ~ 문자 그대로 예수께서 천년왕국 前에 재림하셔서 사탄을 무저갱에 결박한 후, 이 땅에서 성도와 함께 천년 동안 왕국을 형성하신다는 설이다. 충분한 근거가 있다.

② 후천년설 ~ 복음이 땅 끝까지 복음으로 정화된 후, 예수께서 재림하신다는 설이다. 이 세상은 예수님 없이는 완전히 정화가 불가능하기에 가능성이 가장 희박하다.

③ 무천년설 ~ 천년왕국을 단순히 상징 혹은 숫자 암호에 보다 무게를 두어 천년왕국은 상징이어서 실제로는 존재하지 않는다는 설이다. 설득력은 있으나 모두 상징이라면 이것도 모순이다.

크고 흰 보좌의 심판(11-15) ~ 땅과 하늘이 온데간데없어진 후, 크고(권세 있고) 흰(공의로운) 보좌가 나타난다. 이는 예비된 심판대인데 책들이 있고 그 중에 생명책이 있다. 생명책에 이름이 있는지 없는지를 재차 확인한 후, **생명책에 기록되지 못한 자, 사망, 음부**도 불못에 떨어지니 둘째 사망 즉 최후의 심판이다. 어리석게도 사람은 죽으면 모든 것의 종착이라 생각한다. 참고로, 크고 흰 보좌 심판은 20:11의 한 군데만 기록되어 있다.

21장 새 하늘과 새 땅 그리고 새 예루살렘

새 하늘과 새 땅(1-8) ~ 이 땅은 원래 혼돈(뒤죽박죽)하고 공허(빈 공간)했으며 흑암(어두움)의 세상이었으나, 하나님께서 다시 만물을 새롭게 만드신다(5). 하늘도 원래 복수로 쓰였으며 최소한 셋째 하늘까지는 존재한다. 그러나 바다(아마도 '세상'을 상징하기에 인간 타락의 거대 집단)는 다시 있지 아니한다. 둘째 사망(8)

새 예루살렘(9-27) ~ 새 예루살렘은 하늘에서 내려오는데 신부가 신랑을 위하여 단장한 것(2). 신부 곧 어린 양의 아내(9). 크고 높은 성곽, 12문과 12천사, 12지파와 12사도의 이름(12-14)

예루살렘의 크기는 길이 높이 폭 모두가 각 12,000스다디온, 약 2,400km의 정방형인(16) 아주 초대형이다. 정금의 城, 12보석과 12진주 그리고 길(교제를 의미함)은 맑은 유리 같은 정금(18-21)으로 되어 있으며, 밤이 없다(25). 오직 어린 양의 생명책에 기록된 자들만 있게 됨(27).

22장 주 예수여 속히 오시옵소서

할렐루야! 수정같이 맑은 생명수의 강, 12열매를 맺는 나무

1. 각 용어들의 정리

주님의 모습(19장) ~ 백마를 타셨고, 불꽃 같은 눈, 많은 면류관, 피 뿌린 옷, 하나님의 말씀인 검, 만왕의 왕 만주의 주, 알파요 오메가

여인 ~ 성도인 교회 혹은 이스라엘 백성

바다에서 올라온 짐승(13장, 적그리스도 혹은 '로마') ~ 7머리, 10뿔, 10면류관. 용에게 경배

땅에서 올라온 또 다른 짐승(거짓 선지자) ~ 2뿔. 새끼 양같이 흉내를 냄, 용처럼 말함, 짐승경배.

짐승을 탄 음녀 ~ 이단 종교 집단 혹은 네로 황제

큰 붉은 용 ~ 사탄, 옛 뱀, 마귀. 7머리, 10뿔, 7면류관

2. 휴거설과 전천년설에 입각한 계시록 후반부의 사건 순서

예수께서 천사장의 나팔 소리로 공중강림 → 죽은 성도들의 부활, 살아 있는 성도들은 구름 속으로 끌어올려(휴거) 공중에서 주를 영접함(살전 4:17) → 공중에서 7년 동안 어린 양과 휴거된 성도와의 7년 혼인잔치. 지상에서는 7년 대환란이 있게 되는데, 7년 대환란을 둘로 전 3년 반과 후 3년 반으로 나눈다. 이 기간 이스라엘이 회심하여 예루살렘으로 모이게 되며, 아마겟돈 전쟁이 일어난다. → 7년 대환란 후, 그리스도께서 성도들과 함께 지상 재림하신다. → 양과 염소의 심판, 사탄을 결박하여 무저갱에, 짐승(적그리스도)과 거짓 선지자는 유황 불못에 던짐. → 이스라엘을 중심으로 천년 동안 왕 노릇 함. 모든 택함을 받은 자의 회심 등 성전과 제사가 회복됨 → 사탄이 무저갱에서 잠깐 놓였다가 미혹함. → 곡과 마곡의 전쟁 → 불신자들의 부활 → 크고 흰 보좌의 마지막 심판, 사망과 음부 등 모든 악의 축들이 불 못에 던져짐(둘째 사망) → 영원한 새 하늘과 새 땅으로 예수님과 성도들이 올라감.

*** 전 3년 반은 일곱 개 인봉과 여섯 나팔까지, 후 3년 반은 일곱 번째 나팔(11장)부터 대접까지 ***

3. 휴거가 없다고 생각하는 계시록의 구절들

인 맞은 자의 수(7:4)

이는 큰(대) 환난에서 나오는 자들인데 어린 양의 피에 그 옷을 씻어 희게 하였느니라(7:14).

오직 이마에 하나님의 인 맞지 아니한 사람들만 해하라(9:4).

여러 형제가 어린 양의 피와 자기의 증거하는 말(12:11).

여자의 남은 자손 곧 하나님의 계명을 지키며 예수의 증거를 가진 자(12:17).

성도(saints)들의 인내가 여기 있나니 저희는……믿음을 지키는 자니라(14:12).

성도(saints)들의 피와 예수의 증인의 피(17:6).

하늘에서 다른 음성이, "내 백성아 거기서 나와!" (18:4).

선지자들과 성도들과 땅 위에서 죽음을 당한 모든 자의 피가 그 성중에서 발견되었다.(18:24).

*** 신실한 자는 환난과 핍박과 고난을 통과해야 한다. ***

- 정통으로 배우는 성경속독 안내서 -
성경속독 맥락으로 정복하라

2010년 3월 20일 인쇄
2010년 3월 25일 발행

지은이 | 이관호
발행인 | 이형규
발행처 | 쿰란출판사

주소 | 서울특별시 종로구 이화동 184-3
TEL | 02-745-1007, 745-1301~2, 747-1212, 743-1300
영업부 | 02-747-1004, FAX / 02-745-8490
본사평생전화번호 | 0502-756-1004
홈페이지 | http://www.qumran.co.kr
E-mail | qumran@hitel.net
qumran@paran.com
한글인터넷주소 | 쿰란, 쿰란출판사

등록 | 제1-670호(1988.2.27)

책임교열 | 김현용 · 박은아

값 7,000 원

ISBN 978-89-5922-902-4 94230
978-89-5922-900-0 세트